Rudolf Steiner Der «elektronische Doppelgänger»

Rudolf Steiner

Der «elektronische Doppelgänger» und die Entwicklung der Computertechnik

Eine Zusammenfassung von Vorträgen gehalten im November 1917

Herausgegeben und kommentiert
von Andreas Neider

FUTURUM

1. Auflage 2012

Einbandgestaltung: Verlag
Umschlagabbildung: YariK, by photocase.com
Satz: Verlag
Druck und Bindung: Druckhaus Nomos, Sinzheim
Printed in Germany

ISBN: 978-3-85636-364-2

www.futurumverlag.com

INHALT

EINFÜHRUNG

In den hier zusammengefassten Vorträgen vom November 1917 erscheint ein Thema, über das Rudolf Steiner nur in diesen Vorträgen, genauer gesagt im St. Gallener Vortrag vom 16. November und in den Dornacher Vorträgen vom 18., 19. und 25. November 1917, gesprochen hat. Weder vorher noch danach ist er auf das Geheimnis des von ihm so genannten «geographischen» oder «ahrimanischen Doppelgängers» je zu sprechen gekommen. Warum wir diesem Band den Titel «Der elektronische Doppelgänger» gegeben haben, soll hier gleich noch genauer erläutert werden.

Zunächst aber thematisiert Steiner sowohl in St. Gallen wie in Dornach mehrere andere Themen, die, wie wir sehen werden, alle mit dem Thema des Doppelgängers zu tun haben. Er spricht als Erstes davon, dass es westliche okkulte Bruderschaften gäbe, die ein Interesse daran hätten, den Materialismus so weit auszubreiten, dass sich immer mehr Verstorbene dadurch nicht mehr aus dem irdischen Dasein lösen können. Weil diese im Nachtodlichen noch in das Materielle verstrickten Seelen zerstörerische Wirkungen hervorbringen, können diese Bruderschaften sie sich nämlich für ihre Zwecke zunutze machen.

Damit verbunden tritt ein erstes Leitmotiv dieser Vorträge auf: die Interessen bestimmter westlicher okkulter Kreise, die auf die Beherrschung der Erde durch materielle und technische Mittel ausgerichtet und bis in den Bereich der Verstorbenen hinein wirksam sind.

Diese Machtausübung sei nur dadurch zu gewährleisten, dass gewisse Geheimnisse, die mit der übersinnlichen Wesenheit des Menschen und eben auch mit dem «ahrimanischen» oder «geographischen» Doppelgänger zusammenhängen, geheim gehalten und nicht preisgegeben werden.

Diesem Prinzip der Geheimhaltung, das der Ausübung von Macht dient, tritt Rudolf Steiner entschieden dadurch entgegen, dass er hier über diese bisher geheim gehaltenen okkulten Tatsachen erstmals und gleichzeitig einmalig spricht. Daher haben diese Vorträge im Hinblick auf die darin offenbarten Geheimnisse eine ungeheure Bedeutung, wie sich gleich noch zeigen wird.

Zuvor aber müssen wir uns noch einer historischen Voraussetzung des hier geschilderten Zusammenhanges zuwenden, dem von Steiner so genannten «Sturz der Geister der Finsternis». Über diesen hatte er in seinen Vorträgen von Mitte bis Ende Oktober 1917 in Dornach gesprochen.[1] Kurze Zeit danach sprach er am 6. und 13. November auch in Zürich darüber, die entsprechenden Passagen sind in unsere Zusammenstellung mit aufgenommen worden.

Mit dem «Sturz der Geister der Finsternis» hat es folgende Bewandtnis: Steiner beschreibt ein historisches, aber übersinnliches Geschehen zwischen den Jahren 1841 und 1879 als eine Art Abbild des in der Apokalypse beschriebenen Drachenkampfes. Um seine Herrschaft als Zeitgeist ab 1879 vorzubereiten, musste der auch in der Apokalypse erwähnte Erzengel Michael die Geister der Finsternis auf die Erde, das heißt in das irdische Bewusstsein der Menschen, stürzen.

---

1 Sie sind enthalten in GA 177 (zu den Bänden der Rudolf Steiner Gesamtausgabe siehe Quellenverzeichnis S. 173).

Nach 38 Jahren, also 1879, war dieser Kampf in der ätherischen Welt beendet, Michael hatte die Geister der Finsternis besiegt, und sie wirken fortan nun in der physischen Welt, das heißt aber im irdischen Bewusstsein der Menschen. Und 38 Jahre nach 1879, also 1917, fanden sich dann die irdischen Folgen dieses Sturzes ausgeprägt. Damit ist auch erklärt, warum Steiner gerade 1917 über die hier dargestellten Zusammenhänge gesprochen hat. Und als eigentlichen Ausdruck dieses Sturzes kennzeichnet Rudolf Steiner den seit den 40er-Jahren des 19. Jahrhunderts immer mehr sich ausbreitenden Materialismus.

Nun müssen wir uns aber fragen, was für Geister Rudolf Steiner meint, wenn er von den Geistern der Finsternis spricht. Er bezeichnet sie als zum Reiche der Angeloi gehörig. Was für ein Bewusstsein haben die Angeloi? Da ein Engel keinen physischen Leib hat, als unterstes Wesensglied also den Ätherleib besitzt, lebt er, wenn er Gedanken ausbildet, unmittelbar in der Sphäre des Ätherischen, ohne diese an einem physischen Leib spiegeln zu müssen. Für die Welt des Ätherischen gilt der Satz: «Zum Raum wird hier die Zeit.» Alles, was im Physischen nacheinander, in zeitlicher Abfolge gedacht werden muss, tritt im Ätherischen *gleichzeitig* in Erscheinung.

Ein Engel lebt also mit seinen Gedanken permanent in diesem Raum oder «Gegenraum» des Ätherischen. So treten bei ihm die Gedanken nicht nacheinander, sondern gleichzeitig auf, sind in einer Art Panorama immer überschaubar. Außerdem braucht der Engel den Ätherleib nicht zum Aufbau eines physischen Leibes und kann daher alle seine Kräfte ganz der Gedankentätigkeit widmen. Dadurch hat er eine hellsichtige Überschau und Vorausschau, die es auch dem den Menschen begleitenden persönlichen Engel, dem Schutzengel, ermöglicht, sein Schicksal zu lenken.

Nun hatte sich seit Beginn der Neuzeit eine ganze Gruppierung von Engeln Ahriman zugewendet und dadurch den Bereich des Ätherischen verdunkelt. Das aber musste Michael, der Herrscher dieser Gedankensphäre des Ätherischen, durch den Sturz dieser Wesen ins Irdische ausgleichen. Wird nun aus einem Engel ein «Geist der Finsternis» und stürzt er aus der Welt des Ätherischen in den Bereich des Irdischen, des menschlichen Bewusstseins also, geht damit auch seine vormalige Hellsichtigkeit verloren. Aus dem ätherischen Geflecht des Lichtes und der Überschau, der Gleichzeitigkeit, stürzt ein solcher Engel in jenen Bereich unseres irdischen Bewusstseins, wo das durch das Materielle bedingte Nacheinander herrscht. Die Erzeugung einer solchen Verdunklung gehört nun zu den wesentlichen Eigenschaften jenes Wesens, das Rudolf Steiner als Ahriman bezeichnet. Denn Ahriman möchte das Bewusstsein der Menschen, dessen freie Aufmerksamkeitskräfte, an das Irdische fesseln. Er will mit Hilfe der Geister der Finsternis das Ätherische für den Menschen verdunkeln.

Dieses Ziel kann Ahriman erst seit dem Zeitpunkt erreichen, da die Gedanken der Menschen ihren Sitz tatsächlich im physischen Leib genommen haben. Denn vor Beginn der Neuzeit dachten die Menschen noch nicht mit ihrem physischen Gehirn, sondern mit ihren Ätherleibern. Das heißt, die Gedanken waren noch nicht so mit dem Nerven-Sinnes-System verbunden wie heute. Seit Beginn der Neuzeit jedoch spiegeln sich die Gedanken am physischen Leib, die lebendigen Begriffe werden durch ihre Bindung an das Nerven-Sinnes-System im Erleben herab gelähmt, und wir können dadurch die materiellen Vorgänge genau erforschen und begreifen.[2] Das im Ätherleib webende Gedankenleben wird durch den physischen Leib gewissermaßen begrenzt und abgedämpft.

Die Weiterentwicklung des menschlichen Bewusstseins bestünde nun darin, die mit dem materiellen Bewusstsein verbundene Verfinsterung durch das Erwachen für die ätherische Qualität der Gedanken zu überwinden. Aber gerade dies wollen die Geister der Finsternis, jene Angeloiwesen, verhindern. Denn sie mussten aufgrund ihrer ahrimanischen Tingierung diesen Bereich des Ätherischen verlassen und können daher nur noch im Irdischen, im Bereich unseres materiellen Bewusstseins, wirksam sein.

Dieser historisch-okkulte Vorgang war nun ein weiteres Geheimnis, dass jene westlichen Bruderschaften für sich behalten wollten, um dadurch Macht ausüben zu können. Auch darüber hat Rudolf Steiner ganz gezielt im Jahr 1917 gesprochen, um das Wissen über diese Zusammenhänge den Menschen zugänglich zu machen. Denn das Ziel der Fixierung des menschlichen Bewusstseins auf das rein Materielle bis ins Nachtodliche hinein ließe sich natürlich dann am besten erreichen, wenn man sich die Wirksamkeit der «Geister der Finsternis» so zu Nutze machte, dass niemand anderes davon etwas erfahren konnte.[3]

2 Rudolf Steiner schildert diese Zusammenhänge ausführlich in GA 26.

3 In dem im Sommer 2012 erscheinenden Buch *Der Mensch zwischen Über- und Unternatur* hat der Herausgeber dargestellt, wie in der heutigen Jugendliteratur unbewusste Abbilder dieses Sturzes der Geister der Finsternis nachgezeichnet werden. Ein Beispiel ist der Roman *Seelen* von Stephenie Meyer, in dem ein großer Teil der Menschheit von außerirdischen Wesen besetzt ist. In ihren *Bis(s)*-Romanen hat sie die Figur des Vampirs

Erst auf diesem Hintergrund aber lässt sich nun das eigentliche Zentrum der hier versammelten Vorträge, das Geheimnis des «geographischen Doppelgängers», richtig verstehen.

Denn Rudolf Steiner macht nun in jenen Vorträgen vom Herbst 1917 auf eine Besonderheit innerhalb unseres Nervensystems aufmerksam. In diesem, so führt er hier erstmals und einmalig aus, befindet sich ein Wesen, das gar nicht zur menschlichen Organisation gehört, ein ahrimanisches Wesen, das kurz vor der Geburt in den Menschen einzieht und ihn beim Tode wieder verlassen muss. Dieses ahrimanische Wesen bildet die Grundlage für alles, was wir an elektrischen Strömen in unserem Nervensystem benötigen, um die Sinneswahrnehmungen zu verarbeiten, zu koordinieren und darauf zu reagieren.

«Also der Mensch kommt recht sehr mit seinem Organismus, mit dem er sich bekleidet, in diese Welt herein, ohne dass er mit seiner Seele hinunterlangt in diesen Organismus. Dafür ist aber auch Gelegenheit vorhanden, dass kurze Zeit bevor wir geboren werden – nicht sehr lange bevor wir geboren werden –, außer unserer Seele noch ein anderes geistiges Wesen Besitz ergreift von unserem Leib, von dem unterbewussten Teil unseres Leibes. Das ist schon mal so: Kurze Zeit bevor wir geboren werden, durchsetzt uns ein anderes, wir würden nach unserer Terminologie heute sagen, ein ahrimanisches Geisteswesen. Das ist ebenso in uns wie unsere eigene Seele. Diese Wesenheiten, welche ihr Leben gerade dadurch zubringen, dass sie die Menschen

weltweit populär gemacht. Vampire sind Verstorbene, die sich nicht aus dem Irdischen lösen können und dadurch zerstörerische Wirkungen hervorbringen.

selber dazu benützen, um da sein zu können in der Sphäre, in der sie da sein wollen, diese Wesenheiten haben eine außerordentlich hohe Intelligenz und einen ganz bedeutsam entwickelten Willen, aber gar kein Gemüt, nicht das, was man menschliches Gemüt nennt. – Und wir schreiten schon so durch unser Leben, dass wir unsere Seele haben und einen solchen Doppelgänger, der viel gescheiter ist, sehr viel gescheiter ist als wir, sehr intelligent ist, aber eine mephistophelische Intelligenz hat, eine ahrimanische Intelligenz hat, und dazu einen ahrimanischen Willen, einen sehr starken Willen, einen Willen, der den Naturkräften viel näher steht als unser menschlicher Wille, der durch das Gemüt reguliert wird.

Im 19. Jahrhundert hat die Naturwissenschaft entdeckt, dass das Nervensystem von elektrischen Kräften durchsetzt ist. Sie hatte recht, diese Naturwissenschaft. Aber wenn sie glaubte, wenn die Naturforscher glauben, dass die Nervenkraft, die zu uns gehört, die für unser Vorstellungsleben die Grundlage ist, irgendwie mit elektrischen Strömen zu tun hat, welche durch unsere Nerven gehen, so haben sie eben unrecht. Denn die elektrischen Ströme, das sind diejenigen Kräfte, die von dem Wesen, das ich eben jetzt geschildert habe, in unser Wesen hineingelegt werden, die gehören unserem Wesen gar nicht an: wir tragen schon auch elektrische Ströme in uns, aber sie sind rein ahrimanischer Natur.»

Aus der Medizin ist bekannt, dass sowohl in unserem Gehirn wie im übrigen Nervensystem elektrische Ströme, sogenannte Aktionspotenziale aufgebaut und weitergeleitet werden. Diese sind mittels EEG oder EKG messbar. Fließt ein Strom, so wird dadurch eine Botschaft übermittelt, die entsprechende chemische Reaktionen auslöst; fließt kein Strom, so ist auch das eine Botschaft, und es findet keine chemische Reaktion statt.

Unser gesamtes Nervensystem ist durchzogen von solchen Strömen. Durch sie werden einerseits die Reize der Außenwelt, die über die Sinnesorgane aufgenommen werden, an das Gehirn weiter vermittelt. Andrerseits werden über die Nervenbahnen und Nervenzellen die Bewegungen des muskulären Apparates koordiniert und auf die Sinnesreize abgestimmt.

Erfolgt zum Beispiel über die Handfläche ein starker Reiz von einer heißen Herdplatte, so reagiert der Arm unmittelbar, und die Hand wird sofort zurück gezogen. Zu dieser Reaktion braucht es keinen Denkvorgang und keine Gefühlsregung. Der seelische Bereich bleibt hier völlig ausgeklammert, der Körper reagiert reflexartig und spontan.

Dieses ahrimanische Wesen, das mit uns zusammen unseren Leib bewohnt, ist also für unser irdisches Bewusstsein notwendig, wir könnten ohne es nicht leben, was sich auch daran zeigt, dass unser Leben in dem Moment aufhört, wo kein elektrischer Strom mehr in unserem Nervensystem fließt.

Zugleich aber bezeichnet Rudolf Steiner diesen ahrimanischen Doppelgänger als Urheber von Krankheiten. Und zwar in Abhängigkeit von geographischen Verhältnissen. Warum? Weil der ahrimanische Doppelgänger seinerseits den geographischen Bedingungen der Erde unterworfen ist. Denn auch die Erde ist von elektrisch-magnetischen Kräften durchsetzt. Diese ordnen sich entsprechend der Gebirgszüge an und wirken besonders stark dort, wo die Gebirge von Süden nach Norden, nicht von Osten nach Westen verlaufen.

Nun weist Rudolf Steiner darauf hin, dass die Menschheit im 20. Jahrhundert in der Lage sein werde, diese im Nervensystem des Menschen wirksamen Kräfte, die elektrischen und magnetischen Kräften entsprechen, auf Maschinen zu übertragen.

«Ich habe vollbedacht öfter jetzt darauf aufmerksam gemacht, auch in öffentlichen Vorträgen, dass das Bewusstsein des Menschen zusammenhängt mit abbauenden Kräften. [...] In unser Nervensystem hinein ersterben wir. – Diese Kräfte, diese ersterbenden Kräfte, sie werden immer mächtiger und mächtiger werden. *Und es wird die Verbindung hergestellt werden zwischen den im Menschen ersterbenden Kräften, die verwandt sind mit elektrischen, magnetischen Kräften und den äußeren Maschinenkräften. Der Mensch wird gewissermaßen seine Intentionen, seine Gedanken hineinleiten können in die Maschinenkräfte.* Noch unentdeckte Kräfte in der Menschennatur werden entdeckt werden, solche Kräfte, welche auf die äußeren elektrischen und magnetischen Kräfte wirken.»[4]

Nun hat einer der Pioniere der Computertechnik in Amerika, *John von Neumann,* in den 50er-Jahren des 20. Jahrhunderts sein Vorgehen bei der Entwicklung der Computer so beschrieben: «Beim Entwurf der Maschine versuchten meine Mitarbeiter und ich, einige der bekannten Vorgänge im lebenden Gehirn zu imitieren. Dieser Aspekt veranlasste mich, mich mit Neurologie zu beschäftigen [...] und endlich Vorträge über die Möglichkeiten zu halten, ein stark vereinfachtes Modell des lebenden Gehirns für von Menschen zu bauende Maschinen zu kopieren.»

Als Einziger seiner Kollegen hatte von Neumann sich neben seiner Beschäftigung mit der Entwicklung der

4 Hervorhebung vom Herausgeber.

ersten Rechenmaschinen mit Neurologie befasst. Daher fiel außer ihm auch niemandem sonst auf, was sie eigentlich bei der Entwicklung dieser Maschinen taten: Ebenso wie im Nervensystem bildet auch im Computer die Polarität Strom – Nichtstrom die Grundlage jeglicher Informationsübermittlung. Wobei im menschlichen Organismus noch ein gehöriges Maß an Chemie, sogenannte Botenstoffe oder Neurotransmitter, eine Rolle spielen.

Deutlich wird daran, dass wir es bei der Computertechnologie mit einem ins Äußere versetzten ahrimanischen Doppelgänger zu tun haben, den ich im Zusammenhang mit den hier gesammelten Vorträgen Steiners deshalb auch als «elektronischen Doppelgänger» bezeichnen möchte. Nicht umsonst wird der Computer schon seit langem als PC, als «Personal Computer», bezeichnet. Fast alles, was wir heute bewusstseinsmäßig leisten, erfolgt mittlerweile ausschließlich mit Hilfe von Computern und deren Vernetzung durch das Internet. Unsere persönlichen Daten, unsere Arbeit, unser Konsum, nahezu sämtliche Lebensbereiche sind von Computern erfasst. Der PC begleitet uns tatsächlich wie eine Art von persönlichem elektronischen Doppelgänger.

Und sein Wesen ist exakt so, wie Rudolf Steiner den ahrimanischen Doppelgänger beschrieben hat:

«Und wir schreiten schon so durch unser Leben, dass wir unsere Seele haben und einen solchen Doppelgänger, der viel gescheiter ist, sehr viel gescheiter ist als wir, sehr intelligent ist, aber eine mephistophelische Intelligenz hat, eine ahrimanische Intelligenz hat, und dazu einen ahrimanischen Willen, einen sehr starken Willen, einen Willen, der den Naturkräften viel näher steht als unser menschlicher Wille, der durch das Gemüt reguliert wird.»

Der Computer ist eine kalte Maschine von hoher Intelligenzkraft und unbeugsamem Willen, das heißt Effizienz. Unzählige Bewegungsvorgänge bis hin zur Kriegsführung werden heute durch Computer gesteuert, und auch unser Wirtschaftsleben mit all seinen Geldströmen wird heute weitgehend von diesen Maschinen beherrscht.

Somit wird deutlich, dass Rudolf Steiner die technischen Entwicklungen des 20. Jahrhunderts soweit überschaute, dass er die Ablösung des industriellen Zeitalters durch das digitale Zeitalter voraussagen konnte.

An dieser Stelle sei kurz auf den Begriff des «Doppelgängers» eingegangen, denn Steiner gebraucht diesen Begriff in allen seinen Grundschriften, im Vortragswerk wie auch in den Mysteriendramen für ein Wesen, das uns wie ein Schatten, wie ein abgetrennter Teil unseres Gedächtnisses auch über den Tod hinaus, durch verschiedene Erdenleben hindurch, begleitet. In dem hier abgedruckten Vortrag vom 16. November 1917 unterscheidet er daher an einer Stelle den hier thematisierten «ahrimanischen» Doppelgänger vom «luziferischen» Doppelgänger, von dem er sonst lapidar als vom Doppelgänger im Sinne vom Schatten des Menschen spricht. Diese Unterscheidung ist insofern wesentlich, als der ahrimanische Doppelgänger uns nur während eines Erdenlebens von der Geburt bis zum Tode begleitet.[5]

Nun geht Steiner hier aber noch einen Schritt weiter, indem er die Entdeckung des ahrimanischen Doppelgängers zusammenbringt mit dem vorher beschriebenen «Sturz der Geister der Finsternis» und dem Versuch

---

5 Über das Wesen des luziferischen Doppelgängers gibt es bei Rudolf Steiner zahlreiche Darstellungen. Vgl. z. B. die Textauswahl in *Erkenne dich selbst,* hrsg. von Andreas Neider, Dornach 2010, mit Auszügen aus mehreren Grundwerken.

westlich-okkulter Logen, diese Tatsachen zu verheimlichen, um sie bewusst zur Ausübung von Macht und zur Verdunklung des Bewusstseins vom Übersinnlichen auszunutzen.

Um diesen Zusammenhang zu verstehen, müssen wir nun etwas genauer auf die physiologischen Grundlagen des Seelenlebens des Menschen eingehen. Wir haben unser Nervensystem, das unser an die Sinne gebundenes Bewusstsein stützt. Es ist aber nicht identisch mit unserem seelischen Erleben. Ein Sinneseindruck benötigt, um wahrgenommen zu werden, das Sinnesorgan und die betreffenden Nervenbahnen in Nervensystem und Gehirn. Diese Reize lassen sich physikalisch auch messen und darstellen. Nicht aber unser seelisches Erleben! Denn im Gehirn und in den Nervenbahnen wird sich auf physikalischem Wege niemals die Farbe Rot oder die Stimme einer singenden Amsel finden lassen. Wo aber geschieht das seelische Erleben, wenn es nicht im Leib gefunden werden kann?

Die Antwort darauf ist: Unser seelisches Erleben findet nicht im Leibe statt, sondern da, wo ein sinnliches Phänomen ist, also außerhalb des Leibes. Ich höre ja die Amsel nicht in meinem Kopf singen, sondern auf dem Ast eines Baumes. Ich sehe die Farbe Rot nicht in meinem Auge, sondern draußen an der Wand! Seelisch sind wir also immer bei den Dingen, die wir wahrnehmen.[6]

Und die Sinnes-Nervenorganisation dient, so hat es Steiner früher bereits beschrieben,[7] lediglich als eine

---

6 Auf diese Tatsache weist auch die phänomenologische Philosophie und Anthropologie hin. Vgl. dazu den Band des Herausgebers *Wo steckt unser Ich?* mit Beiträgen von Gernot Böhme, Thomas Fuchs und Jan Vagedes, Stuttgart 2009

7 Vgl. dazu Steiners Bologna-Vortrag von 1911, unter dem Titel *Das gespiegelte Ich* hrsg. von Andreas Neider, Dornach 2007

Art von Spiegel, an dem uns unser seelisches Erleben bewusst werden kann. Wie aber kommt nun die Beziehung zwischen dem außerleiblichen seelischen Erleben und der Sinnes-Nervenorganisation zustande?

Diese Lücke, die sich zwischen dem Seelischen und dem Physisch-Leiblichen hier auftut, hat Rudolf Steiner fast sein ganzes Leben lang erforscht.[8] Denn er suchte die Verbindung zwischen Seele und Leib bis in die physiologischen Details hinaus genauestens zu verstehen. Dabei entdeckte er in diesem Zusammenhang die wesentliche Funktion des Ätherleibes.

Unser Ätherleib hat zunächst die Funktion, unseren physischen Leib zu beleben, aufzubauen und zu organisieren.[9] Er ist der Gestaltbildner, der die Organe formt und ihr Zusammenwirken regelt. Diese Kräfte der Gestaltbildung und der Organisation können nun aber nicht nur dazu verwendet werden, physische Stoffe zu beleben und zu organisieren, sondern sie dienen auch dazu, die von unserem Seelisch-Geistigen, also von Ich und Astralleib, gemachten Erlebnisse in Form von Gedanken und Vorstellungen zu fassen, zu gestalten und zu bewahren. Durch unser Gedächtnis haben wir die

8 Vgl. dazu den Aufsatz des Hrsg. «Das Leib-Seele-Problem oder: Wie lässt sich die Erklärungslücke schließen?» in: *Der Merkurstab*, Heft 6/2012.

9 Zum Verständnis der Wesensglieder des menschlichen Organismus vgl. GA 9 und GA 27. Als weiterführende Literatur für das Verständnis des Zusammenwirkens des Leiblichen mit dem Seelisch-Geistigen seien genannt: Peter Selg, *Vom Logos menschlicher Physis*, 2. Auflage, Dornach 2006. Armin J. Husemann, *Der musikalische Bau des Menschen.* Entwurf einer plastisch-musikalischen Menschenkunde, 4. Auflage, Stuttgart 2003. Ernst-Michael Kranich, *Der innere Mensch und sein Leib. Eine Anthropologie*, Stuttgart 2003. Lothar Vogel, *Der dreigliedrige Mensch*, 4. Auflage, Dornach 2005.

Möglichkeit, unsere seelischen Erlebnisse immer wieder lebendig werden zu lassen.

Die Naturseite unseres Ätherleibes, darauf hat Steiner als auf eine seiner zentralen Entdeckungen immer wieder hingewiesen, verwandelt sich um das siebte Lebensjahr: Ein Teil der Lebensfunktionen des Ätherleibes wird mit dem Abschluss der Bildung und des Aufbaus des physischen Leibes im zweiten Jahrsiebt frei und dient fortan der Gedanken- und Gedächtnisbildung. Gedanken- und Gedächtniskräfte, wir könnten auch sagen unsere «Aufmerksamkeitskräfte», sind also umgewandelte Lebenskräfte. Sie können auch «freie Kräfte» genannt werden, weil sie von der Aufgabe der Lebensversorgung unseres physischen Leibes «befreit» sind.

«Diese im Ätherleibe wirksamen Kräfte betätigen sich im Beginne des menschlichen Erdenlebens – am deutlichsten während der Embryonalzeit – als Gestaltungs- und Wachstumskräfte. Im Verlaufe des Erdenlebens emanzipiert sich ein Teil dieser Kräfte von der Betätigung in Gestaltung und Wachstum und wird Denkkräfte, eben jene Kräfte, die für das gewöhnliche Bewusstsein die schattenhafte Gedankenwelt hervorbringen.

Es ist von der allergrößten Bedeutung zu wissen, dass die gewöhnlichen Denkkräfte des Menschen die verfeinerten Gestaltungs- und Wachstumskräfte sind.»

Wie aber geht diese Umwandlung, die etwa ab dem siebten Lebensjahr in ausgeprägter Form in Erscheinung tritt, genau vor sich?[10] Im Inneren des Gehirns

10 Wir stützen uns im Folgenden auf die bahnbrechenden Forschungen Armin J. Husemanns, die er zuletzt in dem Buch *Der hörende Mensch und die Wirklichkeit der Musik*, Stuttgart 2010,

befinden sich in den so genannten Ventrikeln Geflechte von Blutadern (Plexus chorioidei). Hier wird das arterielle Blut, das der Lebenserhaltung und Versorgung dient, in Gehirnwasser (Liquor cerebrospinalis) verwandelt. Diese Flüssigkeit sorgt nicht nur dafür, dass unser Gehirn und das zentrale Nervensystem quasi darin schweben, sie wird durch unseren Atemrhythmus auch ständig bewegt. Sie steigt im Rückenmarkskanal auf und ab, je nachdem, ob wir ein- oder ausatmen.

In diesem physiologischen Geschehen haben wir nun ein genaues Abbild des Übergangs von Lebens-Bildekäften, die im arteriellen Blut ihren Ausdruck finden, zu Erlebens-Bildekräften, zu «freien Kräften», die sich in dem von der Stoffversorgung entbundenen Gehirnwasser, das sich als kristallklare Flüssigkeit darstellt, zum Ausdruck bringen.

In der Atmung lebt der Astralleib, er kann durch unser Ein- und Ausatmen, das sich über das Zwerchfell auf den im Rückenmarkskanal strömenden Liquor über-

veröffentlicht hat. Im dritten Kapitel, «Das Erlebnis der Musik und seine physiologischen Grundlagen», stellt Husemann die von Rudolf Steiner in seinem Buch *Von Seelenrätseln* angedeuteten physiologischen Grundlagen des seelischen Erlebens und des Bewusstseins im Zusammenspiel von Ätherleib und Astralleib auch anhand einiger Graphiken anatomisch genauestens nachvollziehbar dar. In unserem Zusammenhang können diese physiologischen Grundlagen nur angedeutet werden. Wer sich für die Details interessiert, dem sei Husemanns Schrift hierzu wärmstens empfohlen. Ausführlicher im Hinblick auf das Grundverständnis des Ätherleibes ist Husemanns Standardwerk *Der musikalische Bau des Menschen*, a.a.O. Vgl. zu diesem Thema außerdem das umfangreiche Studienwerk von Peter Selg, *Vom Logos menschlicher Physis*, a.a.O., in dem sämtliche Stellen im Werk Rudolf Steiners zu den hier angesprochenen Fragen methodisch sauber ausgelegt werden.

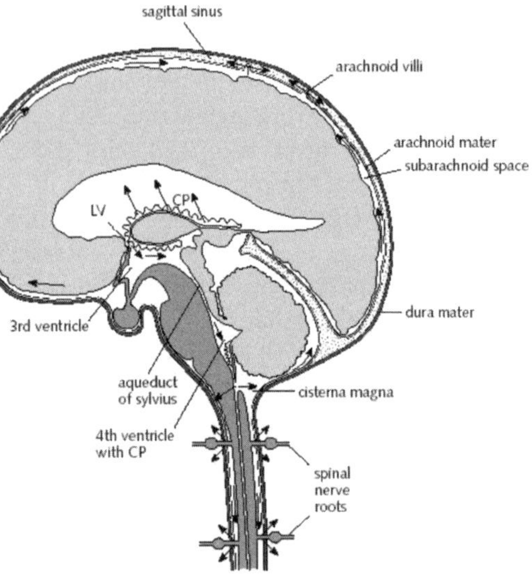

Abb. 1: Schematische Darstellung des Gehirns mit den Strömen des Gehirnwassers, angedeutet durch die schwarzen Pfeile. Die gerippte, mit den Pfeilen nach oben bezeichnete Fläche (plexus chorioidei) im Inneren stellt eines der Blutadergeflechte dar, in denen das innere Gehirnwasser gebildet wird. Durch die beiden Ventrikel unten links und rechts fließt dieses nach außen. Die inneren grauen Flächen müssen als durch und durch von Nervengeflecht durchzogen vorgestellt werden, das wiederum über Nervenbahnen mit den Sinnesorganen verbunden ist. (Aus: A. Husemann, *Der hörende Mensch und die Wirklichkeit der Musik*, S. 74)

trägt, auf das Gehirnwasser einwirken und dadurch die zur Stoffversorgung nicht mehr benötigten Bildekräfte des Ätherleibes für seine Zwecke gebrauchen. Darauf beruhen physiologisch betrachtet die bildhaften Vorstellungen und Gefühlserlebnisse.

«Auf der Berührung des Atmungsrhythmus mit den Nervenströmungen beruht es, dass wir uns Bilder machen können von der äußeren Welt. Gedanken, abstrakte Gedanken sind noch durchaus an das Nervenleben gebunden, aber das Bildhafte ist an das Atmungsleben gebunden. So dass man sagen kann: Hier haben wir das bildende Leben.»

Der Astralleib, der bewusst erlebende Mensch, benötigt für die Bewusstseins-, das heißt die Vorstellungsbildung, eine leibliche Grundlage, die in der Lage ist, diese Erlebnisse nachzubilden bzw. zu spiegeln. Die toten abstrakten Gedanken, die bildlosen-, gefühlsarmen Vorstellungen haben die Nerven zur Grundlage. Das lebendige Vorstellen und Erleben hingegen hängt mit dem durch den Atem schwingenden Gehirnwasser zusammen.[11] Das seelische Erleben des Astralleibes

11 Dies zeigt sich, wie Armin Husemann in dem genannten Buch darstellt (siehe vorangehende Anm.), vor allem im Musikerleben, dem im Rhythmus des Ein- und Ausatmens ein innerliches Singen zugrunde liegt, wobei der Hörende im Idealfall genau im Rhythmus des ausführenden Sängers oder Instrumentalisten atmet. Diese Zusammenhänge können, wie Husemann aufzeigt, experimentell genauestens untersucht und nachgewiesen werden. Steiner selbst führte zu der oben angeführten Erklärungslücke weiter aus: «Wenn der Naturforscher von Materie spricht, die da im Raum vorhanden ist – die ergibt sich nicht dem, womit wir die Wirklichkeit zu ergreifen suchen. Für das gewöhnliche Bewusstsein bleibt es so, dass wir auf der einen Seite das Innenleben haben, das an die Wirklichkeit nicht herandringt, auf der anderen Seite die äußere Wirklichkeit, die sich dem Innenleben nicht ergibt. Dazwischen ist ein Abgrund. Dieser Abgrund, den man kennen muss, er ist ein Hindernis für die menschliche Erkenntnis. Er wird auf keine andere Weise überwunden als dadurch, dass sich in der Seele übersinnliches Schauen entwickelt, solches Schauen, wie ich es heute durch seine Beziehung zum Künstlerischen zeigte.

Wenn sich dieses Schauen entwickelt, tritt man in ein äußeres Verhältnis zu sich selbst und der materiellen Wirklichkeit, die als Leib vorhanden ist. Der Leib wird etwas Neues, bleibt nicht das Spröde, sich dem Inneren nicht Ergebende. Das Innere bleibt nicht das über der Wirklichkeit Flatternde, sondern es imprägniert sich, durchdringt sich im eigenen Leiblichen mit dem, was im Leib materielles Dasein hat. Aber alles materielle Dasein enthält geistiges Dasein.

Versuchen wir das in Anlehnung an die musikalische Kunst uns vor Augen zu führen. Während der Mensch musikalische oder andere Vorstellungen entwickelt und im gewöhnlichen Bewusstsein wahrnimmt, gehen in seinem leiblichen Inneren komplizierte Zustände vor sich. Von denen weiß er nichts, aber sie spielen sich ab. Das hellseherische Bewusstsein dringt vor zu diesem innerlichen, komplizierten, wunderbaren leiblichen Erleben. Das Gehirnwasser, in dem das Gehirn sonst eingebettet ist, ergießt sich beim Ausatmen in den Rückenmarksack, dringt hinunter, drängt das Blut zu den Unterleibsvenen, beim Einatmen wird alles hinaufgedrängt. Ein wunderbarer Rhythmus findet statt, der alles das begleitet, was wir vorstellen und wahrnehmen. Dieses Atmen, diese Plastik in ihrer Rhythmik drängt sich herein und heraus im Gehirn. Es findet ein Prozess statt, der mitwirkt im menschlichen Erleben. Es ist etwas, das im Unterbewussten vor sich geht und von dem die Seele weiß. Die heutige Physiologie und Biologie ist in Bezug auf diese Dinge noch fast vollständig unwissend; aber das wird eine ausgebreitete Wissenschaft werden.

In Zeiten, die nicht mehr die unseren sein können, hat man das spirituelle Leben in anderer Art suchen müssen. Dafür aber ist die Zeit vorbei, in orientalisch-indischer Weise Geisteswissenschaft zu suchen; das kann hinterher studiert werden, aber ganz fehl geht der Glaube, dass man auf indische Methoden zurückgehen müsse. Das ist nichts für unsere Zeit, das würde die Menschheit irreführen. Unsere Methoden sind viel intellektueller, doch darf man studierend sehen, was das alte Indertum wollte. Ein großer Teil der Schulung zu höherer Erkenntnis bestand beim Indertum in rhythmisch geordnetem Atmungsverlauf: den Atmungsprozess regulieren wollten sie. Vergleichen Sie das, was man da suchte, mit dem eben Gesagten, so finden Sie, dass der Jogaschüler durch innerliches Erfühlen des Atmungsweges das in sich erfahren wollte, was ich schilderte. Der Inder erfuhr das dadurch, dass er den findet über das Rhythmische der Atmung in dem vom Stoffwechsel befreiten, vormals arteriellen Blut, dem Gehirnwasser, seine Verbindung zu den stofflich-physikalischen Vorgängen im Nervensystem. Dieselben plastizierenden Bildekräfte des Ätherleibes, die zuvor die im arteriellen Blut bewegten Stoffe an ihren Ort gebracht, in die Lebensorgane eingefügt und damit unseren Leib aufgebaut haben, werden, wie bereits erwähnt, etwa ab dem siebten Lebensjahr frei zur Bildung unserer Vorstellungen, von bewusster Aufmerksamkeit und Interesse.

Wenn der Mensch nur einen Astralleib und ein Ich, aber keinen ätherischen Leib besäße, könnte er zwar Erlebnisse und Eindrücke haben, diese würden aber sofort wieder verfliegen und nicht festgehalten werden können. Der Ätherleib ist es außerdem, der unsere Erlebnisse vor der Auflösung bewahrt und zwar dann, wenn diese vom Astralleib losgelassen, das heißt aber vergessen werden. Da kann der Ätherleib, und zwar jetzt auf dem Wege des venösen Blutes, die Erlebnisse in der Weise festhalten, dass sie den verschiedenen Organen und im Zusammenhang mit ihnen dem Gehirn wie die Zeichen einer Schrift eingebildet werden. Diese Vorgänge liegen also auch der Gedächtnisbildung zugrunde.

Atmungsprozess, der da auf- und abwogt, zu empfinden versuchte.

Unsere Methoden sind andere. Wer das mit Verständnis verfolgt, findet, dass wir nicht mehr in dieser physischen Weise uns einleben sollen in den Organismus, sondern durch meditierende Art vom Intellekt her zu erfassen versuchen das, was hinunterströmt, und durch Willensübungen das, was heraufströmt, und auf diese Weise versuchen, uns mit unserem Seelenleben dem Strom entgegenzustellen und ihn zu fühlen, indem er hinauf- und hinunterströmt.»

Indem die dabei tätigen Bildekräfte nicht wieder in Leib bildende, ernährende Kräfte zurückverwandelt werden, sondern gewissermaßen als «freie Kräfte» erhalten bleiben, können sie dem Leib stoffliche Repräsentationen der Vorstellungsinhalte einprägen. Dabei dienen auch die entsprechenden Teile des Gehirns als materielle Grundlage.

Lässt der Astralleib die Bildekräfte wieder los, das heißt verschwindet eine Vorstellung, ein seelisches Erleben wieder aus dem Bewusstsein, dann entsteht an dieser Stelle eine rein ätherische Form, die nun nicht mehr im Bewusstsein ist. Dem entspricht physiologisch die Resorption des Gehirnwassers in das venöse Blut. Der Ätherleib wird so vom «Bewahrer» des stofflichen Leibes zum «Bewahrer» unserer Bewusstseinsinhalte. Diese aufbewahrten Gedächtnisinhalte werden dann beim Erinnerungsvorgang im Sinne des vergangenen Erlebten vom Astralleib im Ätherleib «gelesen».

So wie wir Musik zwar durch die physisch erklingenden Töne hören, das Wesen der Musik aber im Geistigen, zwischen den Tönen, liegt; so wie wir die Buchstaben einer Schrift auf dem Papier lesen, der Inhalt des Geschriebenen aber nicht auf dem Papier lebt, so erfasst die Seele die vom Ätherleib dem physischen Leib eingeprägten Zeichen und bringt dadurch das einstmals Erlebte, das in den leiblichen Engrammen seine Repräsentation besitzt, wieder hervor.

Nun geschieht das «Einschreiben von Engrammen» jedoch nicht unmittelbar, sondern es dauert für gewöhnlich drei Tage und Nächte, bis das Erlebte tatsächlich vom Ätherleib und physischen Leib verarbeitet ist. Das geschieht hauptsächlich während der Nacht. Und unsere Träume, die durch die Berührung von Astralleib und Ich mit Ätherleib und physischem Leib beim

Aufwachen entstehen, sind ein Ausdruck dieser nächtlichen Erinnerungsarbeit.[12] Während wir also im Bewusstsein mit unseren Erlebnissen und Sinneseindrücken umgehen, arbeitet unser Ätherleib ständig daran, sich diese einzuverleiben und dem physischen Leibe einzuprägen.

Damit haben wir nun den Bereich beschrieben, auf den es zum Verständnis der mit dem «ahrimanischen Doppelgänger» im Zusammenhang stehenden Technologie ankommt. Die eigentlich im Ätherleib lebenden Vorstellungs- und Erinnerungskräfte werden nicht nur an das Nervensystem gefesselt, wie es beim abstrakten, toten Denken und Vorstellen der Fall ist, sondern, wie Rudolf Steiner an der bereits zitierten Stelle sagte:

«Diese Kräfte, diese ersterbenden Kräfte, sie werden immer mächtiger und mächtiger werden. Und es wird die Verbindung hergestellt werden zwischen den im Menschen ersterbenden Kräften, die verwandt sind mit elektrischen, magnetischen Kräften und den äußeren Maschinenkräften. Der Mensch wird gewissermaßen seine Intentionen, seine Gedanken hineinleiten können in die Maschinenkräfte.»

Das bedeutet doch aber nichts anderes, als dass diese hier von Steiner vorhergesagte Technologie keine industrielle mehr sein wird, sondern *Bewusstseinstechnologie* oder, um es noch genauer zu fassen: *Aufmerksamkeitstechnologie.* Denn sie schneidet genau an der Stelle, wo unser Nerven-Sinnessystem mit unserem Seelisch-Geistigen durch die «freien Kräfte» des Ätherleibes in Verbindung steht, diese Verbindung durch und setzt an

12 Vgl. Rudolf Steiner, Vortrag vom 26. August 1923, GA 227.

die Stelle der «freien Kräfte» den «elektronischen Doppelgänger»! Unser seelisches Erleben einschließlich der Gedächtnisbildung wird dadurch an die Maschine gefesselt, oder anders ausgedrückt: Ein großer Teil der Aufmerksamkeitskräfte der heutigen Menschheit wird mit Hilfe der Bewusstseinstechnologien des Internets und der Computer an diese Maschinen gefesselt. Und auch ein großer Teil unserer Gedächtnisfunktionen wird durch die Computer und das Internet im Sinne eines universellen, jedoch virtuellen, technischen Mediums ersetzt!

Haben wir nicht immer, wenn wir das Internet nutzen, den Eindruck, wir stünden dadurch mit der Welt in Beziehung? Befürchten nicht unzählige Eltern, sie würden ihr Kind von der übrigen Welt ausschließen, wenn sie es vor «Facebook» bewahren wollten? Und scheint es uns nicht so, als könnten wir uns per Internet und Wikipedia an eine Art universelles Menschheitsgedächtnis anschließen?

Genau das aber hat Rudolf Steiner in den hier versammelten Vorträgen vorausgesehen. Denn er beschreibt da zusätzlich auch die weltweite Verbreitung dieser Technologien von Amerika aus:

«Von der Seite, wo man gewissermaßen den Antichrist wird als den Christus einführen wollen, wird angestrebt, auszunützen dasjenige, was insbesondere durch die materiellsten Kräfte wirken kann, aber durch die materiellsten Kräfte eben geistig wirkt. Vor allen Dingen wird von dieser Seite angestrebt, Elektrizität, und namentlich Erdmagnetismus, auszunützen, um Wirkungen hervorzubringen über die ganze Erde hin.»[13]

13 Steiner weist in diesem Zusammenhang auch darauf hin, dass die Nutzbarmachung von Elektrizität für die neuen Bewusst-

Steiner macht also deutlich, dass im Zusammenhang mit dem Sturz der Geister der Finsternis gleichzeitig auch der Versuch unternommen werde, die Entwicklung der «freien Kräfte» unseres Bewusstseins, also der ätherischen Kräfte, zu absorbieren. Denn diese Geister der Finsternis mussten eben den Bereich des Ätherischen verlassen und sind nun umso mehr daran interessiert, das Bewusstsein des Menschen von dieser Sphäre fern zu halten. Das erreichen sie heute vor allem durch jene Maschinen, die Bewusstseinsvorgänge im menschlichen Organismus imitieren, die an die Sinne gebunden sind und auf elektrischen Strömen, letztlich also auf einem ahrimanischen Doppelgänger beruhen.

Dennoch, und darauf kommt es nun entscheidend an, betrachtete Steiner dieses Entstehen neuer Maschinen, mit denen die Menschen immer mehr zusammenwachsen würden, als etwas Unvermeidliches.

«An solchen Stellen ist der Wille dazu vorhanden, die Menschenkraft zusammenzuspannen mit Maschinenkraft. Diese Dinge dürfen nicht so behandelt werden, als ob man sie bekämpfen müsste. Das ist eine ganz falsche Anschauung. Diese Dinge werden nicht ausbleiben, sie werden kommen. Es handelt sich nur darum, ob sie im weltgeschichtlichen Verlaufe von solchen Menschen in Szene gesetzt werden, die mit den großen Zielen des Erdenwerdens in selbstloser Weise vertraut sind und zum Heil der Menschen diese Dinge formen, oder ob sie in Szene gesetzt werden von jenen Menschengruppen, die nur im egoistischen oder im grup-

seinstechnologien zusätzlich durch kosmische Wirkungen aus dem Bereich des Tierkreiszeichens der Zwillinge, das besonders stark mit den polarisierenden Kräften zu tun hat, verstärkt werden. Vgl. S. 149 unten.

penegoistischen Sinne diese Dinge ausnützen. Darum handelt es sich. Nicht auf das Was kommt es in diesem Falle an, das Was kommt sicher; auf das Wie kommt es an, wie man die Dinge in Angriff nimmt. Denn das Was liegt einfach im Sinne der Erdenentwicklung. Die Zusammenschmiedung des Menschenwesens mit dem maschinellen Wesen, das wird für den Rest der Erdenentwicklung ein großes, bedeutsames Problem sein.»[14]

Gerade hier setzt nun Rudolf Steiners Bemühen um die Entwicklung eines zukünftigen Geistbewusstseins an. In seinen letzten Lebenstagen formulierte er dazu seine berühmten Leitsätze über das Verhältnis von Unter- und Übernatur:

«Der Mensch muss die Stärke, die innere Erkenntniskraft finden, um von Ahriman in der technischen Kultur nicht überwältigt zu werden. Die Unter-Natur muss als solche begriffen werden. Sie kann es nur, wenn der Mensch in der geistigen Erkenntnis mindestens gerade so weit hinaufsteigt zur außerirdischen Über-Natur, wie er in der Technik in die Unter-Natur heruntergestiegen ist. Das Zeitalter braucht eine *über* die Natur gehende

14 Siehe S. 134 in diesem Buch. Vgl. dazu auch die Darstellung dieser Problematik im dritten und vierten Mysteriendrama Rudolf Steiners, wo die Gestalt des Dr. Strader von einer Erfindung spricht, bei der es genau um die hier beschriebene Wirksamkeit geht, die entscheidend durch das moralische Bewusstsein des Nutzers dieser Erfindung bestimmt wird. Diese wird als «Mechanismus» beschrieben, ohne dass genauer dargestellt würde, um was für eine Art von Mechanismus es sich dabei eigentlich handelt. In der anthroposophischen Tradition ist diese Erfindung daher als «Strader-Mechanismus» oder «Strader-Apparat» bekannt. Vgl. dazu Nr. 107 der *Beiträge zur Rudolf Steiner Gesamtausgabe,* Dornach, Michaeli 1991: *Der Strader-Apparat. Modell – Skizzen – Berichte.*

Erkenntnis, weil es innerlich mit einem gefährlich wirkenden Lebensinhalt fertig werden muss, der unter die Natur heruntergesunken ist. Es soll hier natürlich nicht etwa davon gesprochen werden, dass man zu früheren Kulturzuständen wieder zurückkehren soll, sondern davon, dass der Mensch den Weg finde, die neuen Kulturverhältnisse in ein rechtes Verhältnis zu sich und zum Kosmos zu bringen.»

Und deshalb warnte er davor, dass diese Bewusstseins- und Aufmerksamkeitstechnologien einseitig im Sinne der bereits erwähnten Interessen des westlichen Okkultismus ausgenutzt würden, um auf diese Weise Finsternis über alles Spirituelle zu verbreiten.

Worauf es Steiner mit diesen Vorträgen also ankam, war zu zeigen, wie die seelisch-geistige Entwicklung des Menschen in Zukunft immer stärker in der Auseinandersetzung mit den neuen Technologien stattfinden müsse, die sein Bewusstsein an das Maschinelle, Unternatürliche, binden wollen, und wie wichtig es sei, sich über die Wirksamkeit des Ahrimanischen in den neuen Bewusstseinstechnologien im Klaren zu sein. Denn weil diese Technologien im Wesentlichen Bewusstseinstechnologien sind, hat deren einseitige Nutzung ohne Erkenntnis ihrer Wirkungen Folgen für unser Bewusstsein. Deshalb spricht Steiner in diesem Zusammenhang auch davon, dass der Mensch immer mehr zu dem werden wird, als was er sich selber denkt.

Die freien Aufmerksamkeitskräfte unseres Ätherleibes ebenso wie unsere Gedächtniskräfte gilt es in diesem Sinne vom Seelisch-Geistigen her zu ergreifen und nicht von der Maschinenwelt beherrschen zu lassen. Auf diesem Hintergrund bekommen die Übungen, die Steiner zur Entwicklung der Aufmerksamkeitskräfte mittels Konzentration, Meditation und abendlicher Rückschau angegeben hat, eine für die Zukunft geradezu lebensentscheidende Bedeutung![15]

Denn der Mensch wird der technischen Zivilisation nur dann gewachsen bleiben, wenn er den Energien, die sich durch den «elektronischen Doppelgänger» seiner Aufmerksamkeitskräfte bemächtigen wollen, die entschiedene Verstärkung dieser Aufmerksamkeitskräfte im Sinne eines Erwachens für die Sphäre des Ätherischen entgegenstellen kann. Das heißt aber in allererster Linie, sich des ätherischen Charakters dieser Aufmerksamkeitskräfte inne zu werden, um sie bewusst handhaben zu können. Das war das Ziel aller Übungen, die Rudolf Steiner zu diesem Zweck angeben hat.

Sich des übersinnlichen Charakters der eigenen Wesenheit bewusst zu werden, darum ging es Steiner. Und indem er in den hier folgenden Darstellungen auf den ahrimanischen Doppelgänger aufmerksam machte, deutete er zugleich auf jenen Bereich hin, durch den der Mensch eben an das rein Irdisch-Materielle gefesselt bleibt, wenn er sich nicht darüber zu erheben lernt. Die in diesen Vorträgen beschriebene technische Evolution hat durch die Versetzung des ahrimanischen Doppelgängers in die Maschinenwelt, durch die Erschaffung von elektronischen Doppelgängern, die Gefahr mit sich gebracht, dass der Mensch nun immer mehr an das Irdisch-Materielle gefesselt wird.

---

15 Vgl. dazu die Bände *Die Nebenübungen. Sechs Schritte zur Selbsterziehung,* hrsg. von Ateş Baydur; *Rückschau. Übungen zur Willensstärkung,* hrsg. von Martina Maria Sam; *Ich bin. Meditationen für den Alltag* und *Mediationen für Tag und Jahr,* beide hrsg. von Taja Gut; sämtliche mit Texten Rudolf Steiners, erschienen im Rudolf Steiner Verlag, Dornach.

Durch die Erkraftung des eigenen Denkens, durch die Schulung der Aufmerksamkeitskräfte aber, so deutet es Steiner in unserem Zusammenhang an, wird einerseits die Fähigkeit zur Wahrnehmung übersinnlicher Zusammenhänge ausgebildet, andererseits aber auch die Fähigkeit, mit der Welt der Verstorbenen in ein bewusstes Verhältnis zu treten, das nicht mehr an das physisch-materielle Dasein gebunden ist, sehr wohl aber in den Bereich unserer Aufmerksamkeitskräfte, die Welt des Ätherischen, gehört.

Wenn der Mensch in der Zukunft, so wie es Steiner hier angedeutet hat, immer mehr zu dem wird, als was er sich selber denkt, dann kann durch die Bewusstwerdung der eigenen übersinnlichen Wesenheit auch die Kraft entstehen, sich im Leben nach dem Tode von der Fesselung an das Irdische zu befreien und dadurch ein Bewusstsein für die übersinnlichen Tatsachen des nachtodlichen Lebens aufzubauen. Insofern sind diese Vorträge auch ein Weckruf an die spirituelle Aktivität jedes einzelnen Menschen.

DER «ELEKTRONISCHE DOPPELGÄNGER» UND DIE ENTWICKLUNG DER COMPUTERTECHNIK

Sie werden bemerkt haben, dass in dem gestrigen öffentlichen Vortrage etwas gesagt wurde,[16] das sehr bedeutungsvoll ist für die Auffassung geistiger Erkenntnisse innerhalb des Menschenlebens. Ich habe angedeutet, wie diejenigen Menschen, welche in der Gegenwart hier auf dem physischen Plane vorzugsweise nur aufnehmen Vorstellungen, die aus der Sinneswelt kommen, oder gewonnen sind mit dem Verstande, der sich an die Sinneswelt bindet, der von etwas anderem nichts wissen will als von der Sinnenwelt, wie solche Menschen nach ihrem Tode gewissermaßen gebunden sind an eine Umgebung, welche noch stark hereinfällt in die irdische, in die physische Region, in welcher der Mensch in der Zeit zwischen der Geburt und dem Tode ist. So dass durch solche Menschen, die also durch ihr Leben innerhalb des physischen Leibes sich nach dem Tode noch lange Zeit hereinbannen in die irdisch-physische Welt, zerstörende Kräfte innerhalb dieser physischen Welt geschaffen werden. Mit einer solchen Sache berührt man tiefe, bedeutungsvolle Geheimnisse des menschlichen Lebens, solche Geheimnisse, welche durch Jahrhunderte, Jahrtausende kann man sagen, gewisse okkulte Gesellschaften sorgfältig behütet haben, weil sie – wir wollen heute nicht untersuchen, mit welchem Rechte – behauptet haben,

16 Vortrag vom 15. November 1917 in St. Gallen in GA 178, S. 36 ff.

dass die Menschen nicht reif seien zum Empfange solcher Wahrheiten, solcher Geheimnisse, und dass durch das Bekanntwerden große Verwirrung gestiftet würde. Über das Recht, solche tief einschneidenden, für das Leben so bedeutungsvollen Wahrheiten zurückzuhalten vor den Menschen und sie nur im engeren Kreise von okkulten Schulen zu pflegen, über dieses Recht wollen wir uns heute weniger aussprechen. Aber gesagt werden muss, dass die Zeit herangerückt ist, in welcher die Menschheit im weiteren Kreise nicht sein kann und nicht sein darf ohne die Mitteilungen gewisser Geheimnisse über die übersinnliche Welt von der Art, wie das gestern erwähnt wurde. Ja, es wird immer weiter und weiter gegangen werden müssen in der öffentlichen Mitteilung solcher Dinge.

Wenn es auch in gewissen Grenzen in früheren Zeiten, in denen die Menschheit in andern Bedingungen gelebt hat, berechtigt war, solche Geheimnisse zurückzuhalten, jetzt wäre die Sache nicht mehr berechtigt, denn jetzt steht der Mensch – wir wissen, es ist die fünfte Epoche der nachatlantischen Zeit –, jetzt steht der Mensch in Lebensbedingungen, in denen er durch die Pforte des Todes unbedingt als ein solcher Zerstörer treten würde, wenn er sich nicht hier im Leben immer mehr und mehr umsehen würde nach Vorstellungen, nach Begriffen und Ideen, die von übersinnlichen Dingen handeln. Man kann daher nicht sagen, dass die Menschen Recht haben, die behaupten: Nun ja, was nach dem Tode kommt, das kann man ja abwarten. Nein, wissen muss man zwischen der Geburt und dem Tode von gewissen Dingen der geistigen Welt in der Art, wie es gestern angedeutet worden ist, um mit diesen Vorstellungen, mit diesen Ideen durch die Pforte des Todes zu treten.

In früheren Zeiten der Menschheitsentwicklung war das anders. Sie wissen, dass bis ins 16. Jahrhundert, bis zum Auftauchen der Kopernikanischen Weltanschauung, die Menschen ganz anderes geglaubt haben über das Weltengebäude. Nun ist es selbstverständlich notwendig gewesen für den menschlichen Fortschritt, auch für das Hereindringen der menschlichen Freiheit in die Menschheitsentwicklung, dass die Kopernikanische Weltanschauung gekommen ist, geradeso wie jetzt die Geisteswissenschaft kommen muss. Aber mit derjenigen physischen Weltanschauung, die die Menschen vor dem Kopernikanismus gehabt haben – man kann sie heute meinetwillen falsch nennen –, mit dieser Anschauung über das physische Weltengebäude, dass die Erde stillsteht, die Sonne sich um den Erdenhimmel herum bewegt, die Sterne sich um die Erde bewegen, dass jenseits des Sternenhimmels eine geistige Sphäre ist, in der die geistigen Wesenheiten wohnen, mit dieser Anschauung vom Weltengebäude konnten die Menschen noch durch die Pforte des Todes gehen, ohne zurückgehalten zu werden als Gestorbene in der irdischen Sphäre. Diese Weltanschauung bewirkte noch nicht, dass die Menschen, wenn sie durch die Pforte des Todes gingen, zu Zerstörern in der irdischen Sphäre wurden. Erst das Hereinbrechen des Kopernikanismus, erst die Vorstellung, dass die ganze Welt, die im Raume ausgebreitet ist, auch nur von Raumesgesetzen beherrscht ist, die Vorstellung erst dieser Kopernikanischen Art, die Erde um die Sonne kreisen zu lassen, die fesselt den Menschen an das physisch-sinnliche Dasein und verhindert ihn nach dem Tode, in die geistige Welt entsprechend aufzusteigen.

Man muss heute auch diese Kehrseite der Kopernikanischen Weltanschauung kennenlernen, nachdem durch Jahrhunderte darauf vorbereitet worden ist, das großartig Fortschrittliche der Kopernikanischen Weltanschauung immer wieder und wiederum vor die Seele der Menschen hinzustellen. Das eine ist ebenso berechtigt wie das andere. Wenn auch das eine heute noch als Klugheit gilt – es ist freilich eine recht philiströse Klugheit schon geworden, dass die Kopernikanische Weltanschauung die allein seligmachende Lehre ist –, aber wenn das auch noch heute die Klugheit ist und das andere, dass der Mensch durch diese Kopernikanische Weltanschauung nach dem Tode an die Erde gefesselt wird, wenn er sich nicht eine geistige Vorstellung davon macht, wie man sie heute in der Geisteswissenschaft haben kann, für die heutigen Menschen zwar noch eine Torheit ist, eine Narrheit: Aber es ist eben eine Wahrheit. Sie wissen ja schon aus der Bibel, dass manches, was vor den Menschen eine Torheit ist, eine Weisheit ist vor den Göttern.

Denn wenn der Mensch durch die Pforte des Todes schreitet, so ändert er sein Bewusstsein. Es wäre eine ganz falsche Vorstellung zu glauben, dass der Mensch nach dem Tode bewusstlos würde. Diese sonderbare Vorstellung ist sogar in manchen Kreisen, die sich «theosophische» nennen, verbreitet. Es ist ein Unsinn. Im Gegenteil, das Bewusstsein wird ein viel mächtigeres, wird ein viel intensiveres, aber es ist ein andersartiges. Selbst schon gegenüber den gewöhnlichen Vorstellungen der physischen Welt muss gesagt werden, dass die bewussten Vorstellungen nach dem Tode etwas anderes sind.

Vor allen Dingen kommt der Mensch nach dem Tode zusammen mit denjenigen Menschen, mit denen er durch das Leben karmisch verknüpft ist. Also es kann so sein, dass der Tote in der geistigen Welt zwischen dem Tod und einer neuen Geburt vielen Menschenseelen begegnet, durch die er durchgeht – denn dort herrscht Durchgänglichkeit, nicht Undurchdringlichkeit –, an denen er sich vorbeibewegt, wenn ich den Ausdruck gebrauchen darf; sie sind für ihn nicht da. *Da* sind diejenigen, zu denen er irgendwelche karmische Verbindung hat. Dass wir immer mehr und mehr hineinwachsen in einen allgemeinen Weltenzusammenhang, auch nach dem Tode, das müssen wir uns erwerben durch das Leben hier auf der Erde. Und die Begründung von rein auf das Geistige gebauten Gesellschaften ist schon eine Aufgabe der Gegenwart und der Zukunft. Warum sucht man solche Gesellschaften, wie die anthroposophische ist, zu begründen? Warum sucht man Menschen gewissermaßen unter solchen Ideen zu vereinen? Weil dadurch ein karmisches Band geschaffen wird zwischen Menschen, die sich finden sollen in der geistigen Welt, die auch in der geistigen Welt zusammengehören sollen, was sie nicht könnten, wenn sie vereinsamt hier herumlaufen würden. Gerade durch die Möglichkeit, geistige Erkenntnisse und geistige Weistümer untereinander auszubreiten, schafft man ungeheuer viel für das Leben in der geistigen Welt, das aber zurückwirkt auf die physisch-sinnliche Welt, denn die steht fortwährend unter dem Einfluss der geistigen Welt. Hier geschehen ja überhaupt nur die Wirkungen; drüben in der geistigen Welt, auch indem wir hier auf dem physischen Plane leben, geschehen die Ursachen. Und wir können sagen, wenn wir uns rein befassen mit dem, was heute so vielfach propagandistisch betrieben wird: Vereinigungen werden ja für alles mögliche gestiftet, aber wenn sie auch aus noch so großem Enthusiasmus hervorgehen, geistigen Angelegenheiten sind sie oftmals wirklich sehr wenig gewidmet. Man denkt durch manche Vereinigungen die Erde allmählich in ein irdisches Paradies zu verwandeln, na, vor diesen drei Kriegsjahren waren auch schon zahlreiche solche Vereinigungen auf der Erde begründet, in denen die Menschen daran gearbeitet haben, Europa allmählich in ein soziales Paradies zu verwandeln! Das, was jetzt da ist, spricht nicht sonderlich dafür, dass die Dinge so gehen, wie man sie meint dirigieren zu können.

Auf der andern Seite aber ist allerdings das Zusammenwirken der physischen Welt mit der geistigen komplizierter. Und dennoch muss gesagt werden: Wenn unter dem Lichte spiritueller Wissenschaft Vereinigungen gegründet werden, so arbeiten die Menschen dadurch mit, nicht nur an der Welt der Wirkungen, sondern an der Welt der Ursachen, die hinter den sinnlichen Wirkungen liegen. – Mit diesem Gefühle muss man sich durchdringen, wenn man richtig verstehen will das unendlich tief Bedeutsame, das gerade in dem Zusammenleben in spiritueller Arbeit in der Gegenwart und in der Zukunft der Menschheit geleistet wird.

Dies ist nicht etwas, was aus irgendeiner bloßen Vereinsmeierei hervorgehen kann, sondern dies ist eine heilige Aufgabe, welche von den die Welt dirigierenden göttlich-geistigen Wesenheiten in die Menschheit der Gegenwart und der Zukunft hineingelegt werden sollte. Denn gewisse Vorstellungen werden die Menschen doch über die übersinnliche Welt aufnehmen müssen, weil aus der sinnlichen Welt immer weniger und weniger übersinnliche Vorstellungen kommen werden. Ich möchte sagen, aus der sinnlichen Welt werden gerade durch die fortschreitende Naturwissenschaft die übersinnlichen Vorstellungen immer mehr und mehr ausgetrieben werden. Daher würden die Menschen sich allmählich von der geistigen Welt ganz ausschließen, wenn sie keine übersinnlichen, keine geistigen Begriffe aufnehmen würden. Sie würden sich dazu verurteilen, nach dem Tode ganz und gar mit dem, was bloße physische Erde ist, sich zu verbinden; mit dem auch zu verbinden, was die physische Erde wird.

Aber die physische Erde wird ein Leichnam in der Zukunft, und die Menschen stünden vor der furchtbaren Perspektive, sich zu verurteilen dazu, in der Zukunft einen Leichnam zu bewohnen als Seele, wenn sie nicht sich dazu entschließen würden, in die spirituelle Welt sich einzuleben, in der spirituellen Welt Wurzel zu fassen. Es ist eine ernste, eine bedeutungsvolle Aufgabe, welche dem Betrieb der Geisteswissenschaft gestellt ist. Das müssen wir uns gewissermaßen jeden Tag einmal als einen heiligen Gedanken vor die Seele rufen, damit wir nimmermehr verlieren können den Eifer für diese berechtigte Angelegenheit der Geisteswissenschaft.

Und solche Vorstellungen, die sich vermehren und vermehren können, wenn wir mitmachen dasjenige, was über diese geistige Welt an vielen Begriffen nun schon hereingekommen ist aus der geistigen Welt in unsere geistige Strömung, all das, was an Begriffen uns da zukommt, das befähigt uns eben, uns frei zu machen von der Fesselung an das Irdische, an das Zerstörerische im Irdischen, um zu wirken aus andern Richtungen her. Wir bleiben ja deshalb doch mit den Seelen, die wir auf Erden zurückgelassen haben und mit denen wir karmisch verbunden sind, auch mit der Erde in Verbindung, aber von andern Orten her verbunden. Ja, wir sind sogar intensiver verbunden mit den auf der Erde zurückgelassenen Seelen, wenn wir gewissermaßen aus höheren geistigen Regionen mit ihnen verbunden sind, wenn wir nicht verurteilt sind durch ein rein materialistisches Leben – gewissermaßen auf der Erde zu spuken, wo wir dann nicht in Liebe verbunden sein können mit irgend etwas auf der Erde, sondern wo wir eigentlich nur zerstörerische Zentren sind.

Sehen Sie, wenn wir hier unser Bewusstsein allmählich von der Kindheit auf entwickeln – nun, wir wissen, wie dieses Bewusstsein heranwächst, herangedeiht, das brauchen wir nicht zu schildern. Nach dem Tode herrschen ganz andere Vorgänge, um das Bewusstsein, das wir uns für das Leben zwischen dem Tod und einer neuen Geburt erwerben müssen, allmählich wirklich zu erlangen. So wie wir auf der Erde herumgehen, Erfahrungen machen, Erlebnisse haben, so ist es nicht nach dem Tode; das haben wir gewissermaßen nicht notwendig. Was wir aber notwendig haben, das ist, dass wir das ungeheuer Intensive, das mit uns verbunden ist, wenn wir den physischen Leib verlassen haben, gewissermaßen von uns loslösen. Wir sind, indem wir durch die Pforte des Todes gehen, Verhältnisse zu ihr haben, mit jener geistigen Welt verwachsen, die wir hier durch die Geisteswissenschaft beschreiben. Wir beschreiben sie als die Welt der höheren Hierarchien: Angeloi, Archangeloi, Archai, Exusiai, Dynamis, Kyriotetes und so weiter, als die Welt der höheren Hierarchien und der Taten und Erlebnisse dieser Hierarchien. Hier ist die Welt außer uns; die Welt des Mineralreichs, des Pflanzenreichs, des Tierreichs ist in unserem Umkreise. Wenn wir durch die Pforte des Todes gegangen sind, da sind diese geistigen Wesenheiten, die wir in den höheren Hierarchien aufzählen, ja ihre Welten selbst in uns. Wir sind mit ihnen verbunden; wir können uns zunächst nur nicht von ihnen unterscheiden; wir leben in ihnen drinnen, indem sie uns erfüllen. Es ist das schon ein schwieriger Begriff, aber man muss sich ihn aneignen: Hier sind wir außerhalb der Welt, dort sind wir innerhalb der Welt. Unser Wesen breitet sich aus über die ganze Welt; aber wir können uns nicht unterscheiden. Wir sind gewissermaßen nach dem Tode vollgepfropft mit den Wesen der höheren Hierarchien und mit dem, was diese Hierarchien tun. Aber es handelt sich vor allen Dingen darum, dass wir die nächsten Hierarchien, von denen wir erfüllt sind, die Hierarchie der Angeloi, Archangeloi und Archai, loslösen können von den höheren Hierarchien. Wir kommen drüben gar nicht zu einem ordentlichen Ich-Bewusstsein – von andern Gesichtspunkten habe ich in Zyklen und Vorträgen dieses Heranreifen des Ich-Bewusstseins ja schon geschildert –, aber wir kommen nicht zu einem ordentlichen Ich-Bewusstsein, wenn wir nicht in uns die Kraft finden können, drüben zu unterscheiden: Was ist in uns – Angelos? Elohim? Was ist ein Wesen aus der Hierarchie der Angeloi, was ein Wesen aus der Hierarchie der Exusiai, der Formgeister? Wir müssen da drüben unterscheiden lernen, wir müssen die Kraft haben, loszulösen von dem, was mit uns verbunden ist, dasjenige, was wir erkennen wollen; sonst ist es in uns, steht nicht außer uns. Hier müssen wir mit dem, was draußen ist, zusammenkommen, es anschauen; dort müssen wir es von uns loslösen, damit wir mit ihm verbunden sein können.

Nun, wie die Welt jetzt ist in der Menschheitsentwicklung, können wir dasjenige, was wir sonst wie schlafend nur in uns tragen würden, nur dadurch loslösen, dass wir uns spirituelle Begriffe aneignen; diese spirituellen Begriffe, die hier dem Menschen so unbequem sind, weil er sich ein bisschen anstrengen muss, mehr anstrengen muss als bei den gewöhnlichen Begriffen. Wenn er sich sie aneignet, entwickeln sie nach dem Tode eine ungeheure Kraft, durch die wir dort überhaupt erst die Fähigkeit gewinnen, die geistige Welt zu erkennen, zu durchschauen. Das ist sehr wichtig. Die Menschen finden es unbequem heute, sich spirituelle Begriffe anzueignen. Sie gehen gern in solche Veranstaltungen, wo man ihnen allerlei Lichtbilder, oder was sonst von der Art da ist, vorführt, damit sie möglichst wenig übersinnlich zu denken brauchen, alles nur sehen können, oder mindestens gehen sie gern zu Veranstaltungen, wo ihnen von Dingen erzählt wird, die sie sonst auch immer vor Augen haben. Aber die Anstrengung scheut heute der Mensch, sich zu erheben zu solchen Begriffen, die hier schwieriger sind, weil sie kein äußeres Objekt haben, weil ihr Objekt die Tatsachen sind, auf die sie sich beziehen in der übersinnlichen Welt. Aber dort drüben sind sie die Kräfte, die uns in Wirklichkeit die Welt erst geben.

So erwerben wir uns durch die spirituellen Ideen und Begriffe diejenige Weisheit, die wir brauchen, damit wir drüben ein Licht haben; sonst ist alles dunkel. Denn dasjenige, was hier als Weisheit angeeignet ist, ist drüben Licht, geistiges Licht. Weisheit ist geistiges Licht. Ja, damit es drüben nicht finster ist, brauchen wir Weisheit. Und wenn wir uns keine spirituellen Begriffe aneignen, so ist das eben das beste Mittel, drüben kein Licht zu haben. Aber wenn man kein Licht hat, so bewegt man sich weg aus der Sphäre, die man beleuchten sollte, und kommt eben zurück zur Erde und wandelt als Toter als zerstörendes Zentrum auf der Erde herum, kann dann höchstens ab und zu von einem schwarzen Magier dazu benützt werden, um die Inspiration zu liefern zu ganz besonderen Verrichtungen und zu zerstörerischen Werken auf der Erde.

Weisheit braucht man also, damit man Licht hat nach dem Tode. Aber man braucht nach dem Tode auch noch etwas anderes; man braucht nach dem Tode nicht nur die Fähigkeit, die Wesen loszulösen, so dass man sie überhaupt vor sich haben kann, die Wesen der geistigen Welt, man braucht nach dem Tode auch die Fähigkeit der Liebe, sonst würde man die Verhältnisse zu den Wesen, die man durch Weisheit schaut, nicht in der richtigen Weise entwickeln können. Man braucht Liebe. Aber die Liebe, die hier auf der Erde entwikkelt wird und die im Wesentlichen abhängig ist auch vom physischen Leibe, sie ist ein Gefühl, sie ist vom Atmungsrhythmus abhängig hier in der physischen Welt. Diese Liebe können wir auch nicht hinübernehmen in die geistige Welt. Das wäre eine vollständige Illusion, wenn man glauben würde, die Liebe, die man namentlich in der jetzigen Zeit hier entwickelt, die könne man in die geistige Welt hinübernehmen. Aber man nimmt alle Kraft der Liebe in die geistige Welt hinüber von dem, was man sich hier in der physischen Welt gerade durch die sinnenfällige Anschauung erwirbt, durch das Leben mit der physischen Wesenheit. Die Liebe wird schon angefeuert durch dasjenige, was sich hier in der physischen Welt an Verständnis für diese physische Welt entwickelt. Und gerade solche Erlebnisse wie die Weltanschauungserlebnisse mit der modernen Naturwissenschaft, wenn man sie als Empfindungen aufnimmt, die entwickeln für drüben die Liebe. Nur – die Liebe, die ist etwas, was hoch oder niedrig ist, je nach dem Gebiete, auf dem sie sich entfaltet. Wenn Sie durchgehen durch die Pforte des Todes und als ein zerstörendes Zentrum im Bereich der Erde bleiben müssen, so haben Sie zwar auch viel Liebe entwickelt – denn dass Sie es bleiben müssen, ist gerade eine Folge Ihres Verbundenseins mit rein naturalistischen Begriffen –, aber Sie verwenden diese Liebe auf das Zerstörungswerk, Sie lieben dann gerade das Zerstörungswerk, sind dazu verurteilt, sich selber zu beobachten, wie Sie das Zerstörungswerk lieben.

Doch die Liebe wird etwas Edles, wenn der Mensch aufsteigen kann in höhere Welten und lieben kann dasjenige, was er sich erobert durch die spirituellen Begriffe. Vergessen wir nur ja nicht: Liebe ist etwas, was niedrig ist, wenn es in einer niedrigen Sphäre wirkt, was edel und hoch und geistig ist, wenn es in einer höheren, in einer geistigen Sphäre wirkt. Das ist das Wesentliche, worauf es ankommt. Wenn man sich dessen nicht bewusst wird, so überschaut man die Dinge durchaus nicht in der richtigen Weise.

Das sind solche Begriffe vom Leben des Menschen nach dem Tode, die heute sich der Mensch aneignen muss. Es genügt nicht mehr für die gegenwärtige Menschheit, und insbesondere wird es nicht genügen für die Menschheit der nächsten Zukunft, dass ihnen die Prediger sagen, sie sollen dies oder jenes glauben, sie sollen sich vorbereiten für das ewige Leben, wenn ihnen diese Prediger niemals sagen können, wie es eigentlich aussieht in dieser Welt, die der Mensch betritt, nachdem er die Pforte des Todes durchschritten hat. In früheren Zeiten ging das, weil eben die naturwissenschaftlichen, die naturalistischen Begriffe noch nicht da waren, weil die Menschen noch nicht infiziert waren von den bloßen materiellen Interessen, die allmählich seit dem 16. Jahrhundert alles ergriffen haben; in früheren Zeiten ging es, dass man den Menschen nur in der Art, wie es die religiösen Bekenntnisse heute noch wollen, von der übersinnlichen Welt sprach. Heute geht das nicht mehr; heute verspinnen sich die Menschen oftmals – aus tiefem Mitleid mit der Menschheit muss man leider dieses sagen – gerade dadurch, dass sie in egoistischer Weise ihre ewige Seligkeit fördern wollen durch die religiösen Bekenntnisse: Sie verspinnen sich dadurch gerade erst recht sehr in die physisch-sinnliche, in die naturalistische Welt und versperren sich den Aufstieg, nachdem sie durch die Pforte des Todes gegangen sind. Da kommt man noch auf ein ganz anderes, was einen in die Notwendigkeit versetzt, ja recht tief zu betonen, dass Geisteswissenschaft in der Gegenwart und in der Zukunft von der Menschheit getrieben werden muss, wenn man gezwungen ist zu sagen: Bejammernswert sind diejenigen Menschen, die sich durch keine Geisteswissenschaft Vorstellungen für das Leben nach dem Tode verschaffen können. – Geisteswissenschaft ist zugleich etwas, was man aus Mitleid, aus innigem Mitgefühl mit den Menschen zu verbreiten trachten muss, weil es bejammernswert ist, wenn die Menschen sich sträuben – in ihrem Unverstande auch weiter sträuben – gegen das Herankommen an geisteswissenschaftliche Vorstellungen.

Aber wir müssen uns durchaus klar sein: Die geistige Welt ist überall da. Bedenken Sie doch nur, die Welt, in der die Toten mit den Toten sind, diese übersinnliche Welt, die Fäden, welche die Toten verknüpfen mit den zurückgelassenen Lebenden, die Fäden, welche die Toten verknüpfen mit den höheren Hierarchien, sie gehören zu der Welt, in der wir drinnenstehen. So wahr die Luft um uns ist, so wahr ist diese Welt immer um uns herum. Wir sind gar nicht geschieden von dieser Welt; wir sind nur durch Bewusstseinszustände geschieden von der Welt, die wir nach dem Tode beschreiten. Es muss dieses scharf betont werden; denn auch innerhalb unserer Kreise sind noch nicht alle Freunde sich klar darüber, dass der Tote den Lebenden voll wiederfindet, dass wir nur geschieden sind, solange der eine hier im physischen Leib, der andere ohne den physischen Leib ist, aber dass alle diese Kräfte erworben werden müssen, welche uns mit den Toten zusammenbringen, dadurch, dass wir sie von uns loslösen; sonst leben sie in uns, und wir können sie nicht gewahr werden. Dann auch, dass wir hinüberbringen müssen in die richtige Sphäre die Kraft der Liebe, die sich unter den naturalistischen Vorstellungen hier entwickelt, sonst wird diese Kraft für uns zu einer bösen Kraft drüben. Gerade die Liebe, die sich entwickelt unter den naturalistischen Vorstellungen, könnte sonst zu einer bösen Kraft werden. Eine Kraft ist an sich nicht gut oder böse; sie ist das eine oder das andere, je nachdem sie in dieser oder jener Sphäre auftritt.

Aber ebenso wie wir mit dieser übersinnlichen Welt, in der die Toten sind, im Zusammenhange stehen, so ragt auch noch in anderer Weise die übersinnliche Welt in diese physisch-sinnliche herein. – Ja, die Welt ist kompliziert, und ihr Begreifen muss man sich langsam und allmählich aneignen. Aber man muss den Willen dazu haben, es sich anzueignen.

Die geistige Welt ragt in unsere Welt herein. Alles ist durchsetzt von der geistigen Welt. Im Sinnlichen ist überall auch ein Übersinnliches. Den Menschen muss ganz besonders interessieren jenes Übersinnliche, das mit seiner eigenen sinnlichen Natur zu tun hat. Nun bitte ich Sie, beachten Sie das Folgende ja recht gut, denn es ist eine hervorragend wichtige Vorstellung.

Wir Menschen gliedern uns nach Leib, Seele und Geist, aber damit ist unsere Wesenheit lange nicht erschöpft. Unser Leib, unsere Seele, unser Geist sind gewissermaßen dasjenige, das uns zunächst als unser Bewusstsein angeht; aber es ist nicht alles dasjenige, was mit unserem Dasein in Beziehung steht. Keineswegs!

Das, was ich jetzt sage, hängt mit gewissen Geheimnissen des Menschwerdens, der Menschennatur zusammen, die auch heute bekannt und immer bekannter werden müssen.

Wenn der Mensch durch die Geburt ins irdische Dasein hereintritt, dann hat er, indem er seinen physischen Leib hat, nicht nur die Möglichkeit, seiner eigenen Seele ihr Dasein zu geben – ich bitte Sie, das wohl zu berücksichtigen –, sondern dieser physische Leib, ihn kennt ja der Mensch durchaus nicht ganz, was gehen da alles für Dinge vor im physischen Leib, von denen der Mensch nichts weiß! Er lernt ja allmählich erst kennen, und zwar noch dazu auf eine recht unzukömmliche Weise, durch Anatomie, Physiologie das, was in diesem Leib vorgeht. Wenn man warten müsste mit der Ernährung, bis man den Ernährungsvorgang begriffen hätte, man könnte nicht einmal sagen, die Menschen müssten verhungern; denn das ist gar nicht denkbar, dass man etwas weiß von dem, was die Organe zu tun haben, um die Nahrung zuzubereiten für den Organismus. Also der Mensch kommt recht sehr mit seinem Organismus, mit dem er sich bekleidet, in diese Welt herein, ohne dass er mit seiner Seele hinunterlangt in diesen Organismus. Dafür ist aber auch Gelegenheit vorhanden, dass kurze Zeit bevor wir geboren werden – nicht sehr lange bevor wir geboren werden –, außer unserer Seele noch ein anderes geistiges Wesen Besitz ergreift von unserem Leib, von dem unterbewussten Teil unseres Leibes. Das ist schon mal so: Kurze Zeit bevor wir geboren werden, durchsetzt uns ein anderes, wir würden nach unserer Terminologie heute sagen, ein ahrimanisches Geisteswesen. Das ist ebenso in uns wie unsere eigene Seele. Diese Wesenheiten, welche ihr Leben gerade dadurch zubringen, dass sie die

Menschen selber dazu benützen, um da sein zu können in der Sphäre, in der sie da sein wollen, diese Wesenheiten haben eine außerordentlich hohe Intelligenz und einen ganz bedeutsam entwickelten Willen, aber gar kein Gemüt, nicht das, was man menschliches Gemüt nennt. – Und wir schreiten schon so durch unser Leben, dass wir unsere Seele haben und einen solchen Doppelgänger, der viel gescheiter ist, sehr viel gescheiter ist als wir, sehr intelligent ist, aber eine mephistophelische Intelligenz hat, eine ahrimanische Intelligenz hat, und dazu einen ahrimanischen Willen, einen sehr starken Willen, einen Willen, der den Naturkräften viel näher steht als unser menschlicher Wille, der durch das Gemüt reguliert wird.

Im 19. Jahrhundert hat die Naturwissenschaft entdeckt, dass das Nervensystem von elektrischen Kräften durchsetzt ist. Sie hatte recht, diese Naturwissenschaft. Aber wenn sie glaubte, wenn die Naturforscher glauben, dass die Nervenkraft, die zu uns gehört, die für unser Vorstellungsleben die Grundlage ist, irgendwie mit elektrischen Strömen zu tun hat, welche durch unsere Nerven gehen, so haben sie eben unrecht. Denn die elektrischen Ströme, das sind diejenigen Kräfte, die von dem Wesen, das ich eben jetzt geschildert habe, in unser Wesen hineingelegt werden, die gehören unserem Wesen gar nicht an: Wir tragen schon auch elektrische Ströme in uns, aber sie sind rein ahrimanischer Natur.

Diese Wesenheiten von hoher Intelligenz, aber rein mephistophelischer Intelligenz, und von einem der Natur mehr verwandten Willen, als es für den menschlichen Willen gesagt werden kann, die haben einmal aus ihrem eigenen Willen heraus beschlossen, nicht in jener Welt leben zu wollen, in der sie durch die weisheitsvollen Götter der oberen Hierarchie zu leben bestimmt waren. Sie wollten die Erde erobern, sie brauchen Leiber; eigene Leiber haben sie nicht: Sie benützen so viel von den menschlichen Leibern, als sie benützen können, weil die menschliche Seele eben nicht ganz den menschlichen Leib ausfüllen kann.

Diese Wesenheiten also können, so wie sich der menschliche Leib entwickelt, zu einer bestimmten Zeit bevor der Mensch geboren wird, gewissermaßen in diesen menschlichen Leib hinein, und unter der Schwelle unseres Bewusstseins begleiten sie uns. Sie können nur eines im menschlichen Leben absolut nicht vertragen: Sie können nämlich den Tod nicht vertragen. Daher müssen sie diesen menschlichen Leib, in dem sie sich festsetzen, immer auch, bevor er vom Tode befallen wird, verlassen. Das ist eine sehr herbe Enttäuschung immer wiederum, denn sie wollen gerade das sich erobern: in den menschlichen Leibern zu bleiben über den Tod hinaus. Das wäre eine hohe Errungenschaft im Reiche dieser Wesenheiten; das haben sie zunächst nicht erreicht.

Wäre das Mysterium von Golgatha nicht geschehen, wäre der Christus nicht durch das Mysterium von Golgatha gegangen, so wäre es längst so auf der Erde, dass diese Wesenheiten sich die Möglichkeit erobert hätten, im Menschen auch drinnen zu bleiben, wenn dem Menschen der Tod karmisch vorbestimmt ist. Dann hätten sie überhaupt über die menschliche Entwicklung auf der Erde den Sieg davongetragen, und sie wären Herren der menschlichen Entwicklung auf der Erde geworden.

Das ist etwas von einer ungeheuer tiefgehenden Bedeutung: einzusehen diese Zusammenhänge zwischen dem Durchgehen des Christus durch das Mysterium von Golgatha und diesen Wesenheiten, die den Tod in der Menschennatur erobern wollen, aber ihn heute noch nicht vertragen können; die sich immer hüten müssen, im Menschenleibe zu erleben die Stunde, wo der Mensch vorbestimmt hat zu sterben, hüten müssen, seinen Leib über diese Todesstunde hinaus zu erhalten, das Leben seines Leibes über diese Todesstunde hinaus zu verlängern.

Auch über diese Sache, über die ich jetzt spreche, sind gewisse okkulte Brüderschaften längst unterrichtet, kennen die Dinge sehr gut und haben sie – wiederum wollen wir das Recht nicht untersuchen – der Menschheit vorenthalten. Heute ist die Sache so, dass es unmöglich ist, die Menschen nicht allmählich auszurüsten mit solchen Begriffen, die sie brauchen, wenn sie durch die Pforte des Todes geschritten sind. Denn alles das, was der Mensch hier erlebt, auch was er unter der Schwelle des Bewusstseins erlebt, das braucht er nach dem Tod, weil er zurückblicken muss auf dieses Leben und ihm dieses Leben ganz verständlich sein muss im Rückblicke, und weil es das Schlimmste ist, wenn er dieses nicht kann. Man hat aber keinen genügenden Begriff, um im Rückblicke dieses Leben zu verstehen, wenn man ein Wesen nicht beleuchten kann, das solchen Anteil nimmt an unserem Leben wie dieses ahrimanische Wesen, das vor unserer Geburt Besitz von uns ergreift und immer da ist, immer im Unterbewussten vor uns herumfiguriert, wenn man nicht immer wiederum Licht darauf hinwerfen kann. Denn Weisheit wird Licht nach dem Tode.

Diese Wesen sind aber überhaupt sehr wichtig für das menschliche Leben, und ihre Kenntnis muss allmählich die Menschen ergreifen und wird die Menschen ergreifen. Sie muss nur auf die richtige Weise die Menschen ergreifen; sie darf nicht nur etwa von solchen okkulten Brüderschaften in der Menschheit verbreitet werden, die eine Machtfrage daraus machen, und die dadurch ihre eigene Macht erhöhen wollen, und sie darf vor allen Dingen nicht ferner behütet werden zur Erhöhung der Macht gewisser egoistisch wirkender Brüderschaften. Die Menschheit strebt nach allgemeinem Wissen, und das Wissen muss ausgebreitet werden. Denn nicht mehr kann es in der Zukunft vom Heile sein, wenn okkulte Brüderschaften solche Dinge zur Ausbreitung ihrer Macht verwenden können. Die Kenntnis dieser Wesenheiten wird in den nächsten Jahrhunderten immer mehr und mehr die Menschen ergreifen müssen. Der Mensch wird in den nächsten Jahrhunderten immer mehr und mehr wissen müssen, dass er einen solchen Doppelgänger in sich trägt, einen solchen ahrimanischen, mephistophelischen Doppelgänger in sich trägt. Der Mensch muss es wissen. Heute entwickelt allerdings der Mensch schon eine ganze Anzahl von Begriffen, die aber eigentlich blind sind, weil der Mensch doch noch nichts Rechtes mit ihnen anzufangen weiß. Begriffe, sage ich, entwickelt der Mensch heute, die erst auf eine richtige Basis gestellt werden können, wenn sie mit dem, was als Tatsache ihnen zugrunde liegt, zusammengebracht werden.

Und hier eröffnet sich etwas, was in der Zukunft wirklich getrieben werden muss, wenn nicht das Menschengeschlecht unendlich Hemmendes, unendlich Schreckliches eigentlich erleben soll. Denn dieser Doppelgänger, von dem ich gesprochen habe, der ist nichts mehr und nichts weniger als der Urheber aller physischen Krankheiten, die spontan aus dem Innern hervortreten, und ihn ganz kennen, ist organische Medizin. Die Krankheiten, die spontan, nicht durch äußere Verletzungen, sondern spontan von innen heraus im Menschen auftreten, sie kommen nicht aus der menschlichen Seele, sie kommen von diesem Wesen. Er ist der Urheber aller Krankheiten, die spontan aus dem Innern hervortreten; er ist der Urheber aller organischen Krankheiten. Und ein Bruder von ihm, der allerdings nicht ahrimanisch, sondern luziferisch geartet ist, der ist der Urheber aller neurasthenischen und neurotischen Krankheiten, aller Krankheiten, die eigentlich keine Krankheiten sind, die nur, wie man sagt, Nervenkrankheiten, hysterische Krankheiten und so weiter sind. So dass die Medizin geistig werden muss nach zwei Seiten hin.[17] Dass das gefordert wird, das zeigt sich heute – ich habe darüber in Zürich gesprochen[18] – durch das Hereinbrechen solcher Anschauungen wie der Psychoanalyse und dergleichen, wo man mit geistigen Entitäten schon wirtschaftet, aber mit unzulänglichen Erkenntnismitteln, so dass man gar nichts anfangen kann mit den Erscheinungen, die immer mehr und mehr in das menschliche Leben hereinbrechen werden. Denn gewisse Dinge müssen ja notwendig geschehen, und auch dasjenige, was nach der einen Richtung hin schädlich ist, es muss geschehen, weil der Mensch dieser Schädlichkeit ausgesetzt werden muss, um sie zu überwinden und dadurch gerade Kraft zu gewinnen.

Um nun solche Dinge voll zu verstehen, wie ich sie jetzt angeführt habe, dass dieser Doppelgänger eigentlich der Urheber von allen Krankheiten ist, die organische Grundlage haben, die nicht bloß funktionell sind,

17 Der Zusammenhang des ahrimanischen und des luziferischen Doppelgängers mit den Krankheiten ist bis heute im Rahmen der anthroposophischen Medizin noch wenig erforscht worden. Zur Unterscheidung der beiden Doppelgänger vgl. die Einleitung des Herausgebers.

18 Vortrag vom 13. November 1917, in GA 178.

um das voll zu verstehen, muss man aber noch viel mehr wissen. Man muss wissen zum Beispiel, dass unsere ganze Erde nicht das tote Produkt ist, wie es heute die Mineralogie oder die Geologie meint, sondern ein lebendiges Wesen ist. Mineralogie oder Geologie kennt ja von der Erde so viel, als man vom Menschen kennen würde, wenn man nur das Knochensystem kennen würde. Denken Sie sich nur einmal: Sie würden gar niemals fähig sein, durch irgendwelche Sinne die Menschen zu sehen, sondern es würde nur Röntgenaufnahmen von Menschen geben und man würde von jedem, der einem bekannter ist, nur das Knochensystem kennen: Dann würden Sie vom Menschen so viel kennen, als die Geologen und überhaupt die Wissenschaft von der Erde kennt. Denken Sie sich, Sie würden hier hereingehen und von all den verehrten Herrschaften, die Sie hier finden, nichts anderes als die Knochen sehen, dann hätten Sie so viel Bewusstsein von all den Gegenwärtigen hier, als die Wissenschaft heute von der Erde hat. Die Erde, die man also nur als Knochensystem kennt, die ist ein lebendiger Organismus, und als lebendiger Organismus wirkt sie auf die Wesen, die auf ihr herumwandeln, nämlich auf die Menschen selber. Und so wie der Mensch differenziert ist in Bezug auf die Verteilung seiner Organe über den Leib, so ist die Erde auch differenziert in Bezug auf dasjenige, was sie lebendig aus sich herausentwickelt und womit sie die Menschen beeinflusst, die auf ihr herumwandeln. Ich meine, Sie sind sich dessen bewusst: Wenn Sie denken, so werden Sie nicht gerade den rechten Zeigefinger oder die linke große Zehe anstrengen, sondern Ihren Kopf; Sie wissen ganz genau, Sie denken nicht mit Ihrer rechten großen Zehe, Sie denken mit dem Kopf. Also die Dinge verteilen sich im lebendigen Organismus, der ist differenziert. So ist auch unsere Erde differenziert. Ein Wesen, das etwa überall das Gleiche auf seine Bewohner hinaufstrahlt, ist unsere Erde durchaus nicht, sondern auf den verschiedensten Gebieten der Erde wird ganz Verschiedenes hinaufgestrahlt. Und da gibt es verschiedene Kräfte: magnetische, elektrische, aber auch viel mehr in das Gebiet des Lebendigen heraufgehende Kräfte, die aus der Erde heraufkommen und die den Menschen beeinflussen in der mannigfaltigsten Weise in den verschiedensten Punkten der Erde, also nach der geographischen Gestaltung in verschiedener Weise den Menschen beeinflussen.

Das ist eine sehr wichtige Tatsache. Denn das, was der Mensch zunächst ist an Leib, Seele und Geist, das hat eigentlich wenig direkten Bezug zu diesen von der Erde heraufwirkenden Kräften. Aber der Doppelgänger, von dem ich gesprochen habe, der hat vorzugsweise Bezug zu diesen von der Erde aus aufströmenden Kräften. Und indirekt, mittelbar steht der Mensch nach Leib, Seele und Geist mit der Erde in Beziehung und dem, was sie ausstrahlt an den verschiedenen Punkten dadurch, dass sein Doppelgänger die intimsten Beziehungen hegt zu demjenigen, was da heraufströmt. Diese Wesen, die als solche ahrimanisch-mephistophelische Wesen von dem Menschen eine kurze Zeitstrekke, bevor er geboren ist, Besitz ergreifen, die haben ihre ganz besondere Geschmacksnatur. Da gibt es solche Wesenheiten, denen ganz besonders die östliche Halbkugel, Europa, Asien, Afrika gefallen; die wählen sich solche Menschen, die dort geboren werden, um ihre Leiber zu benützen. Andere wählen sich Leiber, die auf der westlichen Halbkugel, in Amerika geboren werden. Dasjenige, was wir Menschen in einem schwachen Abbilde als Geographie haben, das ist für diese Wesenheiten lebendiges Prinzip ihres eigenen Erlebens; danach richten sie ihren Wohnsitz ein.

Und daraus ersehen Sie weiter, dass eine der wichtigsten Aufgaben der Zukunft sein wird, wieder weiterzupflegen dasjenige, was abgerissen ist: geographische Medizin, medizinische Geographie. Bei Paracelsus ist es aus der alten atavistischen Weisheit heraus abgerissen; seither ist es wenig gepflegt worden wegen der materialistischen Anschauungen. Es wird wieder Platz greifen müssen; und manche Dinge werden erst wiederum erkannt werden, wenn man den Zusammenhang des krankmachenden Wesens im Menschen mit der Erdengeographie, mit all den Fusionen, mit all den Ausstrahlungen, die je nach den verschiedenen Gegenden der Erde von dieser Erde herauskommen, kennenlernen wird. Also wichtig ist es schon, dass der Mensch mit diesen Dingen bekannt wird, denn sein Leben hängt ja davon ab. Er ist ja durch diesen Doppelgänger in einer ganz bestimmten Weise hineingestellt in das Erdendasein, und dieser Doppelgänger, der hat sein Wohnhaus in ihm selbst, in dem Menschen.

Nun, so unendlich wichtig geworden ist eigentlich alles das erst im fünften nachatlantischen Zeitraum und wird besonders wichtig werden schon für die allernächste Zukunft für die Menschen. Daher muss auch Geisteswissenschaft jetzt verbreitet werden. Und sie ist jetzt besonders wichtig, weil diese jetzige Zeit den Menschen aufruft dazu, in bewusster Weise sich mit diesen Dingen auseinanderzusetzen, in bewusster Weise sich zu diesen Dingen ein Verhältnis zu geben. Der Mensch muss stark werden in dieser unserer Epoche, um sein Dasein zu diesen Wesenheiten zu regeln.

Diese Epoche trat ein im 15. Jahrhundert, denn unser jetziger Zeitraum beginnt 1413; der vierte nachatlantische Zeitraum, der griechisch-lateinische, beginnt 747 vor dem Mysterium von Golgatha, dauert bis 1413: Das ist die Zeit, wo ein schwacher Einschnitt geschieht, 1413. Seit jener Zeit haben wir die fünfte nachatlantische Zeit, in der wir drinnen leben und die allmählich erst ihre Charaktereigentümlichkeiten in unserer Zeit so ganz herausbringt, aber sie haben sich vorbereitet seit dem 15. Jahrhundert. In der vierten nachatlantischen Zeit, da war es vorzugsweise die Verstandes- und Gemütsseele, die sich entwickelte; jetzt ist es die Bewusstseinsseele, die sich entwickelt in der Gesamtmenschheitsentwicklung. Als der Mensch eingetreten ist in dieses Zeitalter, da war es seine besondere Schwachheit, auf welche die führenden geistigen Wesenheiten Rücksicht nehmen mussten gegenüber diesem Doppelgänger. Hätte der Mensch da viel in sein Bewusstsein hereingenommen von alldem, was zusammenhängt mit diesem Doppelgängerwesen, ja, dann wäre es den Menschen schlecht, recht schlecht gegangen. Schon die Jahrhunderte her vor dem 14. Jahrhundert mussten die Menschen vorbereitend davor geschützt werden, um recht wenig aufzunehmen, was irgendwie erinnerte an diesen Doppelgänger. Daher ist auch die Erkenntnis dieses Doppelgängers, die durchaus in älteren Zeiten da war, verlorengegangen. Man musste die Menschen davor beschützen, ja nichts aufzunehmen, also nicht nur die Theorie von diesem Doppelgänger nicht aufzunehmen, sondern möglichst wenig mit Dingen in Berührung zu kommen, die mit diesem Doppelgänger etwas zu tun haben.

Dazu bedurfte es einer ganz speziellen Veranstaltung. Die Sache, die sich da entwickelt, müssen Sie versuchen zu begreifen: In den Jahrhunderten, die vorangingen dem 14. Jahrhundert, da mussten die Menschen geschützt werden vor dem Doppelgänger; er musste allmählich aus dem Gesichtskreise der Menschen heraus und durfte erst allmählich wieder hereinkommen jetzt, wo der Mensch sein Verhältnis zu ihm regeln muss. Das bedurfte wirklich einer recht bedeutsamen Veranstaltung, die nur auf die folgende Weise erreicht werden konnte: So allmählich, seit dem 9., 10. Jahrhunderte, richtete man in Europa die Verhältnisse so ein, dass die europäischen Menschen einen gewissen Zusammenhang verloren, den sie früher gehabt haben, einen Zusammenhang, der für die früheren, noch für die Menschen des 7., 6. nachchristlichen Jahrhunderts wichtig war. Es wurde nämlich – vom 9. Jahrhundert angefangen, vom 12. Jahrhundert ab dann besonders ausgesprochen – eingestellt der gesamte Schifffahrtsverkehr nach Amerika hinüber, wie er eben dazumal war, mit der Art von Schiffen, die man hatte. Das mag Ihnen sonderbar klingen! Sie werden sagen: Wir haben ja in der Geschichte so etwas nie gehört. – Ja, die Geschichte ist eben in vieler Beziehung wirklich eine Fable convenue, eine Legende; denn in den älteren Jahrhunderten der europäischen Entwicklung fuhren die Schiffe von Norwegen aus, vom damaligen Norwegen aus immer nach Amerika hinüber. Man hat es natürlich nicht Amerika genannt, es hatte dazumal andere Namen. In Amerika wusste man dasjenige Gebiet, wo insbesondere jene magnetischen Kräfte aufsteigen, welche die Menschen in Beziehung bringen zu diesem Doppelgänger. Denn die deutlichsten Beziehungen zum Doppelgänger gehen aus von demjenigen Gebiete der Erde, das vom amerikanischen Kontinente bedeckt ist; und in den älteren Jahrhunderten fuhr man mit norwegischen Schiffen hinüber nach Amerika und studierte da drüben Krankheiten. Von Europa aus wurden in Amerika gewissermaßen die unter dem Einflusse des Erdenmagnetismus bewirkten Krankheiten studiert. Und der geheimnisvolle Ursprung der älteren europäischen Medizin, der ist da zu suchen. Da konnte man den Verlauf beobachten, den man nicht hätte beobachten können in Europa, wo die Menschen empfindlicher waren gegen die Einflüsse des Doppelgängers. Man musste allmählich – und das Wesentliche tat dazu die römisch-katholische Kirche durch ihre Edikte –, man musste allmählich über den Zusammenhang mit Amerika Vergessenheit bringen. Und erst nachdem der fünfte nachatlantische Zeitraum eingetreten war, wurde Amerika auf physisch-sinnliche Weise wieder entdeckt. Das ist aber nur eine Wiederentdeckung, die allerdings so bedeutsam aus dem Grunde ist, weil die Mächte, die am Werke waren, es tatsächlich erreicht haben, dass in den Urkunden nirgends sehr viel gemeldet wird von den alten Beziehungen Europas zu Amerika. Und da wo es gemeldet wird, da erkennt man es nicht, da weiß man nicht, dass sich die Dinge auf den Zusammenhang von Europa und Amerika in alten Zeiten beziehen. Die Besuche waren allerdings mehr Besuche. Dass die Europäer selber dann amerikanisches Volk werden – wie man heute sagt, wo man den Ausdruck Volk mit Nation missverständlicherweise verwechselt –, amerikanisches Volk geworden sind, das war erst nach der physischen Entdeckung Amerikas, physischen Neuentdeckung Amerikas möglich. Es waren vorher eher Besuche, die man ausführte, um zu studieren, wie an der andersartigen indianischen Rasse der Doppelgänger eine ganz besondere Rolle spielt.

Europa musste eine Zeitlang, vor dem Beginn der Entwicklung der fünften nachatlantischen Zeit, vor dem Einflusse der westlichen Welt geschützt werden. Und das ist die bedeutsame historische Einrichtung, die bedeutsame historische Veranstaltung, die gepflogen wurde von den weisheitsvollen Weltenmächten: Europa musste eine Zeitlang geschützt werden vor allen diesen Einflüssen, und es hätte nicht geschützt werden können, wenn man nicht in den Jahrhunderten vor dem 15. Jahrhundert die europäische Welt zugesperrt hätte, ganz abgeschlossen hätte von der amerikanischen.

Nun, man musste sich eben bemühen, eine Zeitlang in den vorbereitenden Jahrhunderten etwas in die europäische Menschheit hereinzutragen, das der feineren Sensitivität Rechnung trug. Ich möchte sagen: Der Verstand, der vorzugsweise Platz greifen sollte in dieser fünften nachatlantischen Zeit, der musste in seinem ersten Auftreten ganz besonders geschont werden. Dasjenige, was ihm geoffenbart werden sollte, das musste ganz besonders fein an ihn herangebracht werden. Manchmal war diese Feinheit natürlich auch eine solche wie die Feinheit der Erziehung, wo man natürlich auch tüchtige Bestrafungsmittel anwendet. Aber das alles, was ich meine, bezieht sich ja auf größere historische Impulse.

Und so kam es denn, dass insbesondere irische Mönche es waren, unter dem Einfluss der sich dort ausbildenden reinen christlich-esoterischen Lehre, die so wirkten, dass man in Rom die Notwendigkeit einsah, Europa vor der westlichen Halbkugel abzuschließen. Denn von Irland aus wollte diese Bewegung gehen, über Europa das Christentum in einer solchen Weise auszubreiten in diesen Jahrhunderten vor dem fünften nachatlantischen Zeitraum, dass man nicht gestört wurde durch alles dasjenige, was heraufkam aus dem Unterirdischen der Erde aus der westlichen Halbkugel. Unwissend halten sollte man Europa vor all den Einflüssen auf der westlichen Halbkugel.

Und es liegt nahe, gerade hier einmal über diese Verhältnisse zu sprechen. Denn Columban und sein Schüler Gallus, sie waren wesentliche Individualitäten in jenem großen, bedeutsamen Missionsweg, der seine Erfolge in der Christianisierung Europas dadurch wirksam zu machen versuchte, dass er Europa dazumal wie mit geistigen Wänden umgab und keinen Einfluss hereinkommen ließ von der Seite, die ich angedeutet habe. Und solche Individualitäten, wie Columban und sein Schüler Gallus, von dem dieser Ort hier seine Begründung und seinen Namen hat,[19] sie sind diejenigen, die vor allen Dingen eingesehen haben: Die zarte Pflanze der Christianisierung, sie kann in Europa nur ausgebreitet werden, wenn man Europa gleichsam mit einem Zaun umgibt in geistiger Beziehung. Ja, hinter den Vorgängen in der Weltgeschichte liegen tiefe, bedeutungsvolle Geheimnisse. Und die Geschichte, die in den Schulen gelehrt wird und gelernt wird, ist vielfach nur eine Fable convenue; denn zu den wichtigsten Tatsachen im Verständnisse der neueren Zeit in Europa gehört dieses, dass von den Jahrhunderten an, von denen von Irland aus die Verbreitung der Christianisierung in Europa ging, bis namentlich ins 12. Jahrhundert, zugleich gearbeitet wurde daran, dass gerade die päpstlichen Edikte allmählich die Schifffahrt zwischen Europa und Amerika verpönt haben, aufgehoben haben, so dass der Zusammenhang mit Amerika für Europa vollständig vergessen worden ist. Man brauchte dieses Vergessen, damit die ersten Zeiten, in denen sich in Europa vorbereiten sollte der fünfte nachatlantische Zeitraum, in der richtigen Weise sich abwickeln konnten. Und erst dann, als die materialistische Zeit nun begann, da

19 Der Vortrag wurde in St. Gallen gehalten.

wurde Amerika neuerdings wiederum entdeckt, so wie man es heute erzählt: westlich – östlich; da wurde Amerika entdeckt unter dem Einfluss der Goldgier, unter dem Einfluss der rein materialistischen Kultur, mit welcher der Mensch eben in der fünften nachatlantischen Zeit zu rechnen hat, mit der er sich in das entsprechende Verhältnis zu setzen hat.

Diese Dinge sind wirkliche Geschichte. Und diese Dinge, denke ich auch, klären auf über dasjenige, was wirklich ist. Die Erde ist wirklich etwas, was lebendiges Wesen genannt werden muss. Nach geographischen Differenzierungen strömen die verschiedensten Kräfte aus den verschiedensten Territorien nach oben. Deshalb müssen die Menschen nicht nach Territorien geschieden sein, sondern voneinander annehmen dasjenige, was auf jedem Territorium als das Gute und als das Große, und gerade nur dort geschaffen werden kann. Deshalb ist eine geisteswissenschaftliche Weltanschauung darauf bedacht, etwas zu schaffen, was von allen Nationen von allen Gebieten wirklich angenommen werden kann. Denn die Menschen müssen im gegenseitigen Austausch ihrer geistigen Güter vorwärtsschreiten. Das ist das, worauf es ankommt.

Dagegen entsteht von einzelnen Territorien aus sehr leicht das Bestreben, Macht und Macht und Macht zu erhöhen. Und die große Gefahr, dass in einseitiger Weise die Entwicklung der neueren Menschheit vorwärtsschreitet, die kann man nur beurteilen aus den konkreten, aus den wirklichen konkreten Verhältnissen heraus, wenn man weiß, wie die Erde ein Organismus ist, wenn man weiß, was eigentlich geschieht von den verschiedenen Punkten der Erde aus. Im Osten Europas ist verhältnismäßig wenig Neigung rein durch das, was von der Erde ausströmt, denn das Russentum zum

Beispiel hängt wohl innig zusammen gerade durch den Boden, aber es nimmt ganz besondere Kräfte aus dem Boden heraus auf, und zwar Kräfte, die nicht von der Erde kommen. Das Geheimnis der russischen Geographie besteht darinnen, dass das, was der Russe von der Erde aufnimmt, zuerst das der Erde mitgeteilte Licht ist, das von der Erde wieder zurückgeht. Also der Russe nimmt eigentlich aus der Erde dasjenige auf, was aus den äußeren Regionen zu der Erde erst hinströmt; der Russe liebt seine Erde, aber er liebt sie eben aus dem Grunde, weil sie ihm ein Spiegel ist des Himmels. Dadurch aber hat der Russe, wenn er noch so territorial gesinnt ist, in dieser territorialen Gesinnung etwas – wenn es auch heute noch auf einer kindlichen Stufe ist – außerordentlich Kosmopolitisches: weil die Erde, indem sie sich durch den Weltenraum bewegt, mit allen möglichen Partien des Erdenumkreises in Beziehung kommt. Und wenn man nicht dasjenige in die Seele aufnimmt, was von unten nach oben strömt in der Erde, sondern dasjenige, was von oben nach unten und wiederum hinaufströmt, dann ist es etwas anderes, als wenn man aufnimmt das, was – direkt von der Erde ausströmend – in eine gewisse Verwandtschaft zur Menschennatur gesetzt wird. Das aber, was der Russe an seiner Erde liebt, womit er sich durchdringt, das gibt ihm manche Schwäche, aber auch vor allen Dingen eine gewisse Fähigkeit, jene Doppelgängernatur zu überwinden, von der ich Ihnen vorhin gesprochen habe. Daher wird er berufen sein, in dem Zeitalter die wichtigsten Impulse zu liefern, in welchem diese Doppelgängernatur endgültig bekämpft werden muss, in der sechsten nachatlantischen Kulturperiode.

Aber ein gewisser Teil des Erdbodens zeigt die meiste Verwandtschaft mit jenen Kräften. Wenn der Mensch sich dorthin versetzt, kommt er in ihr Bereich; sobald er dort weggeht, ist es ja wieder nicht so, denn das sind geographische, das sind nicht ethnographische, nicht nationale, sondern das sind rein geographische Dinge. Dasjenige Gebiet, wo am meisten Einfluss hat auf den Doppelgänger das, was von unten heraufströmt, und wo es dadurch, dass es beim Doppelgänger am meisten Verwandtschaft eingeht mit dem Ausströmenden, also sich auch wieder der Erde mitteilt, das ist dasjenige Erdengebiet, wo die meisten Gebirge nicht von Westen nach Osten, in der Querrichtung hin, sondern wo die Gebirge hauptsächlich von Norden nach Süden gehen – denn das hängt auch mit diesen Kräften zusammen –, wo man den magnetischen Nordpol in der Nähe hat. Das ist das Gebiet, wo vor allen Dingen Verwandtschaft entwickelt wird mit der mephistophelisch-ahrimanischen Natur durch die äußeren Verhältnisse. Und durch diese Verwandtschaft wird vieles bewirkt in der fortschreitenden Entwicklung der Erde. Der Mensch darf heute nicht blind durch die Entwicklung der Erde gehen; er muss solche Verhältnisse durchschauen. Europa wird sich zu Amerika nur dann in ein richtiges Verhältnis setzen können, wenn solche Verhältnisse durchschaut werden können, wenn man weiß, welche geographischen Bedingtheiten von dorther kommen. Sonst aber, wenn Europa fortfahren wird, in diesen Dingen blind zu sein, dann wird es mit diesem armen Europa so gehen, wie es mit Griechenland gegenüber Rom gegangen ist. Das darf nicht sein; die Welt darf nicht geographisch amerikanisiert werden. Aber das muss erst verstanden werden. Die Dinge dürfen nicht so unernst genommen werden, wie sie heute vielfach genommen werden. Denn sehen Sie, die Dinge beruhen in tiefen Gründen, und Erkenntnisse sind heute notwendig, nicht bloß Sympathien und Antipathien, um eine Stellung zu gewinnen in dem Zusammenhange, in den die gegenwärtige Menschheit auf eine so tragische Weise hineingestellt ist. Das sind die Dinge, die wir hier noch genauer besprechen können; in öffentlichen Vorträgen können sie nur angedeutet werden. Gestern habe ich aufmerksam gemacht, wie es notwendig ist, dass dasjenige, was Geisteswissenschaft genannt wird, wirklich auch in die sozialen und in die politischen Begriffe hineindringt. Denn Amerikas Bestreben geht darauf hinaus, alles zu mechanisieren, alles in das Gebiet des reinen Naturalismus hineinzutreiben, Europas Kultur nach und nach vom Erdboden auszulöschen. Es kann nicht anders.

Selbstverständlich sind das geographische Begriffe, nicht völkische Begriffe. Man braucht nur an Emerson zu denken, um zu wissen, dass hier nichts als Charakteristik eines Volkes gemeint ist. Aber Emerson war eben ein durch und durch europäisch gebildeter Mensch. Nicht wahr, das sind ja zwei entgegengesetzte Pole, die sich entwickeln. Gerade unter solchen Einflüssen, wie sie heute charakterisiert werden, entwickeln sich Menschen wie Emerson, die sich dadurch so entwickeln, dass sie die volle Menschlichkeit entgegenstellen dem Doppelgänger, oder es entwickeln sich Menschen wie Woodrow Wilson, die nur eine Umhüllung des Doppelgängers sind, durch die der Doppelgänger selbst ganz besonders wirkt, die im wesentlichen eigentlich Verleiblichungen desjenigen sind, was amerikanische geographische Natur ist.

Diese Dinge hängen nicht mit irgendeiner Sympathie oder Antipathie, nicht mit irgendeiner Parteigängerei zusammen; diese Dinge hängen lediglich mit den Erkenntnissen über die tieferen Gründe dessen, was von den Menschen im Leben durchlebt wird, zusammen. Aber es wird sehr wenig der Menschheit zum Heile gereichen, wenn sie sich nicht Aufklärung verschaffen will über dasjenige, was eigentlich wirksam ist in den Dingen. Und heute ist es sehr notwendig, wiederum anzuknüpfen an manches, was eben gerade um die Wende auch abgerissen werden musste, als man den Weg nach Amerika versperrt hat. Und wie ein Symbolum möchte ich es hinstellen, was Sie hier so vielfach erleben und empfinden können, wie ein Symbolum solche Menschen wie Gallus. Sie mussten sich einen Boden für ihr Wirken schaffen durch den Zaun, den sie aufgerichtet haben. Solche Dinge muss man verstehen.

Geisteswissenschaft wird erst wirkliches geschichtliches Verständnis schaffen. Aber Sie sehen: Vorurteil über Vorurteil wird sich natürlich erheben. Denn wie könnte man anders denken, als dass Erkenntnisse auch anfangen würden, parteiisch zu werden! Aber das war mit einer der Gründe, die eigentlich zu den Feigheiten gehören, warum gewisse okkulte Brüderschaften mit diesen Dingen zurückgehalten haben. Aus dem einfachen Grunde haben sie zurückgehalten, weil die Erkenntnisse vielfach den Menschen unbequem sind, sie möchten nicht allgemein menschlich werden, und insbesondere diejenigen nicht, die Anlage haben, sich mit den geographischen Ausströmungen zu verbinden.

Es gibt also, wenn Sie bedenken, was ich Ihnen damit angedeutet habe, eine ganze Summe von Möglichkeiten, von der geistigen Welt herkommende Strömungen zu benützen, um hier auf der physischen Erde während der fünften nachatlantischen Zeit Unheil anzurichten; es gibt eine ganze Reihe von Möglichkeiten dazu. Ich habe Sie auf eine solche Möglichkeit heute hingewiesen. Und dass man betonen muss, das Aufnehmen solcher Erkenntnis in das Bewusstsein einiger Seelen sei eine Notwendigkeit, das hängt zusammen mit dem ganzen Grundcharakter unseres Zeitalters. Gerade die zweite Hälfte des 19. Jahrhunderts war eine sehr wichtige Zeit. Ich habe öfter in diesen und jenen Kreisen unserer Freunde hingewiesen, wie das Jahr 1841 eine Krisis, ein Entscheidungsjahr war. Natürlich kommt man nicht darauf, wenn man bloß die Ereignisse hier in der physischen Welt ansieht, sondern erst wenn man die Ereignisse ansieht im Zusammenhang mit dem, was sich in der geistigen Welt abspielt. Das Jahr 1841 war in der Tat das Krisenjahr für die Einleitung der materialistischen Zeit, denn dazumal hat in den geistigen Welten ein ganz bestimmter Kampf begonnen, ein Kampf von gewissen Geistern der Finsternis, können wir sagen, die der Hierarchie der Angeloi angehören. Sie kämpften diesen Kampf bis in den Herbst 1879 in der geistigen Welt. Sie strebten bestimmte Dinge an, eine ganze Reihe von Dingen, von denen wir heute nur eines erwähnen wollen. Dazumal, zwischen dem Jahre 1841 und 1879, sollte es sich entscheiden, ob eine gewisse Summe von spiritueller Weisheit in der geistigen Welt droben reifgemacht werden kann, so dass sie von dem letzten Drittel des 19. Jahrhunderts an allmählich auf die Erde herunterträufelt, das heißt, in die menschlichen Seelen hineinkommt und in den menschlichen Seelen spirituelles Wissen anregt, solches Wissen, das wir eben heute als Wissen der Geisteswissenschaft bezeichnen. Das ist ja erst seit dem letzten Drittel des 19. Jahrhunderts möglich geworden, solches Wissen.

Nicht reif werden zu lassen drüben in der geistigen Welt das, was da herunterträufeln sollte, das war die

Absicht jener Angeloigeister zwischen dem Jahre 1841 und 1879. Aber diese Geister haben den Krieg, den sie durch diese Jahrzehnte geführt haben gegen die Geister des Lichtes, sie haben diesen Kampf verloren. Tatsächlich hat sich im Jahre 1879 etwas abgespielt in kleinerem Maßstabe, wie sich solche Ereignisse wiederholt im Laufe der Evolution abgespielt haben und wie sie immer durch ein bestimmtes Symbolum ausgedrückt werden: durch den Sieg des Michael oder heiligen Georg über den Drachen. Auch da, 1879, auf einem gewissen Gebiete ist der Drache überwunden worden. Dieser Drache sind die Angeloiwesen, die das anstrebten, aber eben nicht erreichen konnten, was ich angedeutet habe. Deshalb sind sie 1879 aus der geistigen Welt in den Bereich der Menschen herein gestürzt worden. Es war der Sturz der Angeloiwesen aus dem Bereich der geistigen Welt in den Bereich der Menschen, und in dem Bereich der Menschen wandeln sie jetzt unter den Menschen. Da sind sie vorhanden, indem sie ihre Kräfte hineinsenden in die Gedanken, Gefühle, Willensimpulse der Menschen, indem sie das oder jenes anstiften. Sie haben nämlich nicht verhindern können – darinnen besteht ja das, dass sie den Kampf verloren haben –, sie haben nämlich nicht verhindern können, dass die Zeit gekommen ist, in der das spirituelle Wissen herabträufelt. Dieses spirituelle Wissen ist jetzt da und wird immer weiter und weiter sich entwickeln; die Menschen werden die Fähigkeit haben können, die geistige Welt zu durchschauen.

Aber nun sind diese Angeloiwesen auf die Erde herabgestürzt und wollen hier Unheil stiften mit dem Herabträufeln, wollen hier dieses Wissen in falsche Bahnen leiten, wollen diesem Wissen seine gute Macht rauben und es in schlechte Kanäle bringen. Kurz, sie wollen das, was sie mit Hilfe der Geister drüben nicht haben erreichen können, hier mit Hilfe der Menschen erreichen, weil sie herabgestürzt sind seit dem Jahre 1879. Zerstören den guten Weltenplan wollen sie, der darinnen besteht, in den richtigen Reifezeitaltern das Wissen von der Beherrschung der Menschenmassen, das Wissen von Geburt, Krankheit und Tod und andern Dingen unter den Menschen zu verbreiten. Sie wollen es frühzeitig verbreiten durch die geistigen Frühgeburten. Neben andern Dingen, die diese Geister anrichten wollen, wirken sie in dem, was ich eben angedeutet habe.

Helfen wird gegen den Einfluss dieser ahrimanischen Wesenheiten nur das Bewusstsein – ich habe das wiederholt angedeutet in den Mysteriendramen, erinnern Sie sich nur an den Schluss des letzten[20] –, dass gegen gewisse Dinge, die Ahriman will, nur das hilft, dass man ihn durchschaut, dass man weiß, dass er da ist. Das fünfte nachatlantische Zeitalter muss sich dahin entwickeln, dass gewissermaßen viele Menschen darauf kommen, zu den ahrimanischen Mächten und Wesenheiten so zu sprechen, wie der Faust spricht: «In deinem Nichts hoff ich das All zu finden.» Das muss eine Gesinnung werden: da hineinzuschauen, wo die materialistische Anschauung das «Nichts» sieht, da die geistige Welt zu sehen.

Ich muss in diesen Zeiten aus inneren Notwendigkeiten heraus zu unseren Freunden immer wieder und wie-

20 Am Ende des vierten Mysteriendramas, *Der Seelen Erwachen,* versucht Ahriman den Eingeweihten Benedictus durch Trübung seines Bewusstseins zu täuschen, wogegen sich jedoch Benedictus durch Erkraftung seiner Erkenntnissicherheit zu wehren versteht.

derum an den verschiedensten Orten davon sprechen, wie ein Ereignis stattgefunden hat im letzten Drittel des 19. Jahrhunderts, welches bedeutsam, tief einschneidend in die menschliche Entwicklung ist, ein Ereignis, von dem alle okkulten Schulen wissen, nur wissen sie oftmals nicht das Richtige über den Verlauf dieses Ereignisses zu sagen. Ich will auch heute kurz andeuten, um was es sich handelt. Es handelt sich darum, dass vom Jahre 1841 an ein Geisterkampf in den geistigen Regionen stattgefunden hat zwischen gewissen Wesenheiten aus den höheren Hierarchien und übergeordneten Wesenheiten. Diese Wesenheiten, welche sich rebellisch aufgelehnt haben in der Zeit vom Jahre 1841 bis 1879 und die einen Rebellenkampf gekämpft haben in dieser Zeit, diese Wesen wurden früher verwendet im Sinne der weisen Weltenlenkung. Auch diejenigen Wesen, die in gewissen andern Zeiten sich auflehnen, böse Wesenheiten werden, Wesen der Finsternisse werden, sind in gewissen Zeiten gut brauchbare Wesenheiten. Also ich rede von solchen Wesenheiten, die bis zum Jahre 1841 von höheren Geistern in dem Dienst der weisheitsvollen Weltenlenkung verwendet worden sind, aber von dieser Zeit an anders wollten als ihre übergesetzten Wesenheiten. Diese Wesenheiten haben in der geistigen Welt einen bedeutsamen Kampf gekämpft, einen von denjenigen Kämpfen, die öfter stattfinden, aber auf verschiedenen Höhen, möchte man sagen, einen Kampf, der in der Legende, in der Symbolik dargestellt wird als der Kampf des Michael mit dem Drachen. Geendet hat dieser Kampf damit, dass gewisse Geister der Finsternis im Herbst 1879 herabgestoßen worden sind aus den geistigen Regionen in die Erdenregionen und seit jener Zeit unter den Menschen wirken, eingehen in die menschlichen Willensimpulse, eingehen in die menschlichen Motive, eingehen in das, was die Menschen begreifen können, kurz, in allem Menschlichen wirken. So dass also gewisse Geister der Finsternisse seit dem Herbst 1879 unter den Menschen sind, auf welche die Menschen aufmerksam werden müssen, wenn sie die irdischen Ereignisse verstehen wollen. Man könnte sagen, man sagt damit das ganz Richtige, dass diese Wesenheiten 1879 herabgestoßen worden sind, das machte den Himmel frei von diesen Wesenheiten, aber die Erde voll von ihnen. Ihr Ort ist von jener Zeit an nicht mehr im Himmel zu finden, sie sind auf der Erde.

Wenn ich charakterisieren soll, was diese Wesenheiten eigentlich wollten mit ihrem Rebellenkampf von 1841 bis 1879, so muss ich sagen, sie wollten verhindern können, sie wollten es dahin bringen, verhindern zu können, dass die notwendige spirituelle Weisheit, die sich dem Menschen offenbaren will vom 20. Jahrhundert ab, in die Menschenseelen hineinkommen kann; sie wollten diese oben behalten und nicht in die Menschenseelen hineinlassen. Nur dadurch konnte bewirkt werden, dass vom 20. Jahrhundert ab Menschen geöffnet bekommen können den Sinn für spirituelle Erkenntnisse, dass die hindernden Geister der Finsternisse aus dem geistigen Reiche entfernt worden sind, so dass herabkommen können die für die Menschen bestimmten spirituellen Erkenntnisse. Aber hier, wo diese Geister der Finsternisse jetzt unter den Menschen herumwandeln, machen es sich wiederum diese Geister der Finsternisse zur Aufgabe, die Menschen zu verwirren; von hier aus wollen sie nun verhindern, dass das richtige Verhältnis eintritt zu den spirituellen Wahrheiten, gewissermaßen den Heilzweck der spirituellen Wahrheiten von den Menschen abhalten.

Dem kann man nur entgegenwirken durch das genaue Erkennen, durch das genaue Durchschauen dieser Dinge. Gewisse okkulte Brüderschaften machen sich aber das Gegenteil zur Aufgabe; sie wollen die Weistümer nur in ihrem engsten Kreise behalten, um sie im Sinne ihrer Machtgelüste ausnützen zu können. Und in diesem Kampfe stehen wir drinnen. Auf der einen Seite besteht die Notwendigkeit, die Menschheit in der richtigen Weise dadurch zu geleiten, dass sie spirituelle Weistümer aufnimmt; auf der andern Seite stehen abgeschlossene okkulte Brüderschaften schlimmer Sorte, welche diese Weistümer gerade nicht unter die Menschen hereindringen lassen wollen, damit die Menschen dumm bleiben gegenüber der geistigen Welt, töricht bleiben, und die in enggeschlossenen Brüderschaften Befindlichen dann von dort aus ihre Machinationen treiben können.

In den Ereignissen der Gegenwart stecken ganze Bündel solcher Machinationen, und es wird ganz besonders der Menschheit zum Unheil gereichen, wenn sie nicht durchschauen will, dass solche Machinationen herrschen. Sie werden gleich eine Art Licht aufgehen fühlen über das, was hinter dieser Sache eigentlich steckt, wenn ich aufmerksam mache auf gewisse Wahrheiten, die heute reife Wahrheiten sind, gewissermaßen Wahrheiten, die, wie die reifen Pflaumen vom Baume, aus der geistigen Welt in das Reich der Menschen herabfallen müssen, aber die verhindert werden an der allgemeinen Ausbreitung, gegen die auch die Menschen Vorempfindungen, Vorneigungen, Vorurteile haben, weil sie sich vor ihnen fürchten.

Ich möchte in dieser Beziehung möglichst konkret sprechen. Diese Tatsache, dass 1879 eine Anzahl von Geistern der Finsternis gestürzt worden sind und seither im Menschenreiche sind, hat wichtige, bedeutsame Konsequenzen. Vor allen Dingen hat diese Tatsache die Konsequenz, dass das Denken, das klare Denken seit jener Zeit für den Menschen eine ungeheuer viel größere Bedeutung gewonnen hat, als das früher der Fall war. Es gab eben keine Zeit der Menschheitsentwicklung, in der, wenn man auf innere Notwendigkeiten dieser Menschheitsentwicklung blickt, man sagen muss, klares Denken ist so notwendig, wie nur irgend notwendig sein kann Essen und Trinken zur Unterhaltung des physischen Lebens. Denn wenn der Mensch unklar denkt in dieser Zeit, in der wir leben und in die hinein die Menschheit weiter in der Zukunft lebt, so wird man solche reifen Wahrheiten, die aus der geistigen Welt herunterfallen sollen, nicht im gehörigen Lichte sehen können. Man wird vor allen Dingen nicht die große, tiefe Bedeutung einsehen können, die für die ganze menschliche Entwicklung das Mysterium von Golgatha, die Erscheinung des Christus innerhalb der Menschheitsentwicklung hat. Von diesem Christus Jesus sprechen viele. Von dem tiefen Sinn zu sprechen, den die ganze Menschheitsentwicklung der Erde durch das Mysterium von Golgatha hat, will einen die Theologie der heutigen Zeit sogar verhindern. Natürlich hat sich dasjenige, was durch das Mysterium von Golgatha geschehen soll, erst langsam und allmählich ausgelebt. Und so recht intensiv kommt das erst in diesem Jahrhundert zum Vorschein.

In den alten Zeiten waren immer noch alte Erbgüter vorhanden aus den Zeiten, wo die Menschen atavistisches inneres Leben hatten, das von Spiritualität durchsetzt war. Dass der Mensch die Spiritualität sich erwerben muss, wenn er sie haben will, das tritt erst in unserer Zeit auf. Daher treten in unserer Zeit, und eigentlich erst vom Jahre 1879 ab, ganz bestimmte Erscheinungen auf. Heute sind sie, weil das äußere Anschauen so grob geworden ist, eigentlich nur klar ersichtlich, wenn man den Seelenblick wendet hinein in das Reich, das der Mensch betritt, wenn er durch die Pforte des Todes tritt. Denn in anderer Weise kommen die Seelen, die vor dem Jahre 1879 geboren sind, in der geistigen Welt an, wenn sie durch den Tod gehen, als alle die Seelen ankommen werden, die nach dem Jahre 1879 geboren sind. Es ist dieses ein tief einschneidendes Ereignis, um das es sich da handelt.

Dieses tief einschneidende Ereignis also, das bewirkt insbesondere, dass die Menschen in ihren Seelen immer ähnlicher werden dem Gedanken, dem, was sie als Erkenntnisse ansehen. Es ist das für den heutigen Menschen eine sonderbare Wahrheit, aber es ist eine Wahrheit. Gewisse Dinge im richtigen Lichte zu sehen, eben mit klaren Gedanken zu sehen, mit gültigen Gedanken zu sehen, mit wirklichkeitsgesättigten Gedanken zu sehen, das ist wichtig, das ist wesentlich. Darwinismus richtig zu sehen, so wie ich zum Beispiel versuchte ihn gestern darzustellen im öffentlichen Vortrage,[21] das ist gut. Ihn zu sehen als Grundlage für eine allein gültige Weltanschauung, ihn also so zu sehen, dass man glaubt, nur das eine ist richtig, der Mensch stamme von den Tieren ab, und auch diesen Gedanken in sich lebendig zu machen: Ich stamme von den Tieren ab, ich stamme nur aus solchen Kräften, die auch die Tiere bilden –, dieser Gedanke führt die Seele in dieser Zeit dazu, der eigenen Vorstellung ähnlich zu werden. Das ist wichtig! Wenn dann diese Seele den Leib abgeworfen hat, dann verfällt sie dem Unglücke, dieser ihrer eigenen Vorstel-

21 Öffentlicher Vortrag vom 12. November 1917, «Anthroposophie und Naturwissenschaft», in GA 73.

lung ähnlich sich schauen zu müssen! Wer hier im physischen Leib des Glaubens lebt, dass nur Tierisches bei seiner Entwicklung mit tätig war, der zimmert sich für die Zeit nach dem Tode ein solches Bewusstsein, dass er sich als Tier ansehen muss. – Denn nachdem durch das Ereignis von 1879 so recht der Charakter der fünften nachatlantischen Zeit erfüllt ist, sind die Gedanken, die sich die Menschen machen, dazu da, dass sich die Menschenseelen in diese Gedanken verwandeln. Das ist es, warum ich sagte: Man braucht keine Vorliebe zu haben für die anthroposophisch orientierte Geisteswissenschaft, um sie vertreten zu wollen, sondern man braucht bloß Mitleid mit den Menschen zu haben, welche diese Gedanken brauchen, weil diese Gedanken schöpferische Gedanken sind für das Seelenleben, weil der Mensch dazu berufen ist in der Zukunft, das zu werden, als was er sich ansieht. – Dies musste eintreten im Verlauf der weisheitsvollen Weltenlenkung, damit der Mensch wirklich zum vollen freien Selbstbewusstsein kommen kann. Auf der einen Seite mussten die Götter dem Menschen die Möglichkeit geben, sein eigenes Geschöpf zu werden. Damit er allerdings diesem eigenen Geschöpf einen übersinnlichen Sinn geben kann, finden kann in dem, was er aus sich selber macht, etwas, was ihm eine ewige Richtung geben kann, ist der Christus Jesus durch das Mysterium von Golgatha gegangen. Und wenn man ihn versteht, geisteswissenschaftlich versteht, gedankenmäßig versteht, dann findet man den Weg zu ihm; den Weg von dem Tierischen heraus ins Göttliche.

Diese Wahrheit stellt sich insbesondere heraus, wenn man eben den Seelenblick hineinzutun vermag in die Welt, die der Mensch nach dem Tode betritt. Diejenigen Menschen, die noch vor 1879 geboren sind, nehmen immer noch einen gewissen Rest mit, der sie behütet, rein das zu sein, als was sie sich hier vorzustellen vermochten. Und auch noch für längere Zeit hinaus werden die Menschen behütet werden können, bloß das zu sein – die Dinge nähern sich erst allmählich –, als was sie sich vorstellen: aber nur durch Leid, nur wenn sie leiden können, wenn sie, um das Paradoxon zu sagen, das Leid der Erkenntnis auf sich nehmen können, indem sie das Unbefriedigende ihrer Vorstellung über den Menschen selber empfinden. Harmonie mit sich selber, zu gleicher Zeit eine Erkenntnis, die den Menschen auch Mensch sein lässt nach dem Tode, das wird für die Zukunft nur hervorgehen, wenn die Menschen ihres wahren Zusammenhanges mit der geistigen Welt hier im physischen Leibe gewahr werden. Dass mit dem Jahre 1879 eine solche Veränderung vor sich gegangen ist, das werden natürlich diejenigen, die heute aus materialistischen Vorstellungen heraus überhaupt Scheu haben vor konkreten geistigen Erkenntnissen, noch lange nicht annehmen wollen; dennoch ist es notwendig, dass solches angenommen werde. Sie sehen daraus aber, dass eines wichtig wird und immer wichtiger werden muss in die Zukunft hinein, dass dasjenige, was an spiritueller Erkenntnis da ist, sich hier auf der Erde ausbreite. Daher werden die Geister der Finsternisse, um ihre Angelegenheiten zu fördern, einen besonderen Wert darauf legen, Verwirrung anzustiften unter den Menschen, damit die Menschen nicht dahin gelangen, hier die richtigen Gedanken zu bilden, in die sie sich dann, diese Menschen, nach dem Tode verwandeln. Es muss der Mensch das werden, als was er sich denkt.

Nun entsteht die Frage: Was ist es denn eigentlich, woran die Forscher der Gegenwart so ganz und gar nicht herankommen können und nicht kommen wollen? Sie erkennen an, dass ein Seelisches außerhalb des Bewusstseins vorhanden ist; sie suchen ein Seelisches außerhalb des Bewusstseins; aber sie können sich nicht aufschwingen zu der Erkenntnis des Geistes selbst. Geist kann niemals durch den Begriff des Unbewussten irgendwie erfasst werden; denn ein unbewusster Geist ist wie ein Mensch ohne Kopf. Nun habe ich Sie ja darauf aufmerksam gemacht, dass aus gewissen hysterischen Zuständen heraus es sogar Menschen gibt, die auf der Straße herumgehen und bei andern Menschen nur die Körper, nicht die Köpfe sehen. Das ist eine bestimmte Krankheitsform, wenn man von niemandem den Kopf sieht. So gibt es unter den heutigen Forschern auch Menschen, welche glauben, den ganzen Geist zu sehen; aber indem sie ihn als unbewusst hinstellen, zeigen sie zugleich, dass sie selbst von der Wahnvorstellung befallen sind, als ob es einen unbewussten Geist, einen Geist ohne Bewusstsein geben würde, wenn wir die Schwelle des Bewusstseins überschreiten, sei es in richtigem Sinne, wie wir das immer auf Grund geisteswissenschaftlicher Forschung beschrieben haben, sei es in krankhaft abnormer Weise, wie ja in den Fällen immer, die den Psychoanalytikern vorliegen.

Wenn man die Schwelle des Bewusstseins überschreitet, so kommt man immer in geistiges Gebiet hinein; ganz gleichgültig, ob man ins Unterbewusste oder ins Überbewusste kommt, man kommt immer in geistiges Gebiet hinein, aber in ein Gebiet, in dem der Geist in einer gewissen Weise bewusst ist, irgendeine Form des Bewusstseins entwickelt. Wo Geist ist, ist auch Bewusstsein. Man muss nur aufsuchen die Bedingungen, unter denen das betreffende Bewusstsein steht; man muss eben gerade durch Geisteswissenschaft die Möglichkeit haben, zu erkennen, welche Art von Bewusstsein eine bestimmte Geistigkeit hat. Wenn wir also hier vor acht Tagen den Fall jener Dame angeführt haben, welche aus einer Gesellschaft herausgeht, dann vor den Pferden einher läuft, abgehalten wird in einen Fluss zu springen, dann zurückgetragen wird in das Haus, von dem sie gekommen ist, um dort mit dem Hausherrn zusammengebracht zu werden, weil sie den Hausherrn in irgendeiner ihr unklaren, unterbewussten Weise liebt, dann darf nicht gesagt werden, dass der Geist, der nicht dem Bewusstsein dieser Dame angehört, der sie drängt und führt, ein unbewusster Geist sei, oder dass er ein unbewusstes Seelisches sei: der ist etwas sehr Bewusstes. Die Bewusstheit dieses dämonischen Geistes, der diese Dame wiederum zurückführt zu dem unrechtmäßig Geliebten, dieser Dämon ist sogar viel gescheiter in seinem Bewusstsein als die Dame in ihrem Oberstübchen – wollte sagen: Bewusstsein – eigentlich ist. Und diese Geister, wenn der Mensch in irgendeiner Weise die Schwelle seines Bewusstseins überschreitet, diese Geister, die da regsam, wirksam werden, das sind nicht unbewusste Geister, das sind solche Geister, die sehr gut für sich bewusst regsam, wirksam werden. Das Wort unbewusster Geist, wie es die Psychoanalytiker brauchen, hat gar keinen Sinn; denn ebenso gut könnte ich, wenn ich bloß von mir aus sprechen würde, von der ganzen erlauchten Versammlung, die hier sitzt, sagen, sie ist mein Unbewusstes, wenn ich nichts davon weiß. Ebenso wenig darf man die geistigen Wesenheiten, die um uns sind und die in einem solchen Falle erfassen die Persönlichkeit, wie in dem Fall, den ich Ihnen vor acht Tagen erzählte, ebenso wenig dürfen wir diese unbewusste Geister nennen. Sie sind unterbewusst; sie sind nicht erfasst von dem Bewusstsein, das in uns gerade lebt; aber für sich sind sie vollständig bewusst.

Dies ist – gerade für die Aufgabe der Geisteswissenschaft in unserer Zeit – außerordentlich wichtig zu wissen, aus dem Grunde, weil das Wissen von dem jenseits der Schwelle gelegenen Geistgebiet, das Wissen von wirklichen, ihrer selbst bewussten Individualitäten nicht bloß eine Errungenschaft etwa der heutigen Geisteswissenschaft ist, sondern weil dies tatsächlich ein uraltes Wissen ist. Früher hat man es eben gewusst im Sinne der alten atavistischen Hellseherkunst. Heute weiß man es mit andern Mitteln, lernt es allmählich wissen. Aber das Wissen von wirklichen, außerhalb des menschlichen Bewusstseins befindlichen Geistern, die unter andern Bedingungen leben als die Menschen, die aber in fortwährendem Verhältnisse stehen zu den Menschen, von denen auch der Mensch ergriffen werden kann in seinem Denken, Fühlen und Wollen, dieses Wissen war immer da. Und dieses Wissen, das wurde immer betrachtet als ein Geheimgut bestimmter Brüderschaften, die dieses Wissen in ihrem Kreise als ein streng Esoterisches behandelten. Warum behandelten sie es als streng esoterisch? Diese Frage zu erörtern, das würde in diesem Augenblick etwas zu weit führen; aber das soll gesagt werden, dass einzelne Brüderschaften von der ehrlichen Überzeugung immer durchdrungen waren, dass eben die Mehrzahl der Menschen nicht reif sei für dieses Wissen. Nun, das war ja auch bis zu einem hohen Grade der Fall. Aber viele andere Brüderschaften, die man Brüderschaften der Linken nennt,[22]

---

22 Im Vortrag vom 11. Oktober 1915 in GA 254 erklärt Rudolf Steiner die Bezeichnung «links» genauer: «‹Links› ist man im Okkultismus, wenn man etwas als Endzweck erreichen will

waren bestrebt, dieses Wissen für sich auch aus dem Grunde zu behalten, weil solches Wissen, von einer kleinen Gruppe in Besitz genommen, eine Macht gibt über die andern, die dieses Wissen nicht haben. Und immer hat es Bestrebungen gegeben, die darauf ausgingen, gewissen Gruppen Macht zu sichern über andere. Das konnte man dadurch herbeiführen, dass man ein gewisses Wissen betrachtete als ein esoterisches Gut, aber es ausnutzte, um die Macht über irgend etwas anderes auszudehnen.

In der heutigen Zeit ist es ganz besonders notwendig, über diese Dinge sich wirklich aufzuklären. Denn Sie wissen, seit 1879 – ich habe das gerade in den letzten Vorträgen ausgeführt[23] – lebt die Menschheit in einer ganz besonderen spirituellen Situation. Ganz besonders wirksame Geister der Finsternis sind seit 1879 aus der geistigen Welt in das Reich der Menschen versetzt, und diejenigen, welche die Geheimnisse, die zusammenhängen mit dieser Tatsache, in unberechtigter Weise innerhalb von kleinen Gruppen halten, die können alles mögliche anrichten mit diesen Dingen. Nun werde ich Ihnen zunächst heute zeigen, wie gera-

mit Hilfe dessen, was man als okkulte Lehre vertritt. ‹Rechts› ist man im Okkultismus, wenn man ihn nur um seiner selbst willen verbreitet. Die Mittelpartei kommt eben darauf hinaus, das Esoterische, das in unserer Zeit notwendig ist für das allgemeine Menschliche, exoterisch zu machen. Diejenigen aber, die ganz nach links stehen, sind solche, die Sonderzwecke verbinden mit dem, was sie als okkulte Lehre verbreiten. Man steht links in dem Maße, als man Sonderzwecke verfolgt, die Menschen in die geistige Welt führt, ihnen allerlei Kundgebungen aus der geistigen Welt gibt und in einer unrichtigen Weise in sie hineinpflanzt, was nur zur Realisierung von solchen Sonderzwecken dienen soll.»

23 Vgl. die Zürcher Vorträge vom 6. und 13. November 1917 in GA 178.

de gewisse Geheimnisse, welche die Entwicklung der Gegenwart betreffen, in unrichtiger Weise ausgenutzt werden können. Sie müssen nur dann gut zusammenhalten dasjenige, was ich heute sagen werde, was mehr historischer Art sein wird, und dasjenige, was ich morgen dazu sagen werde.

Sie wissen alle: Seit längerer Zeit wird innerhalb unserer anthroposophischen geisteswissenschaftlichen Strömung aufmerksam darauf gemacht, wie dieses 20. Jahrhundert dasjenige ist, welches ein besonderes Verhältnis der Menschheitsentwicklung zu dem Christus bringen soll, zu dem Christus insoferne, als im Laufe des 20. Jahrhunderts – schon in der ersten Hälfte, wie Sie wissen – dieses Ereignis eintreten soll, das ja auch in dem ersten meiner Mysteriendramen angedeutet ist, dass für eine genügend große Anzahl von Menschen im Ätherischen der Christus eine wirklich daseiende Wesenheit sein soll.[24]

Nun wissen wir, wir leben eigentlich in der Zeit des Materialismus. Wir wissen, dass seit der Mitte des 19. Jahrhunderts dieser Materialismus auf seinen Höhepunkt gelangt ist. Aber in der Wirklichkeit müssen Gegensätze zusammenfallen. Gerade der Höhepunkt des Materialismus in der Menschheitsentwicklung muss auf der andern Seite zusammenfallen mit jener Verinnerlichung der Menschheitsentwicklung, die dazu führt, dass der Christus wirklich ätherisch geschaut wird. Man kann begreifen, dass gerade die Bekanntma-

24 Über das Erscheinen des Christus im Ätherischen siehe u.a. GA 118 und GA 130. Im ersten Mysteriendrama, *Die Pforte der Einweihung,* beschreibt die Seherin Theodora die zukünftige Veränderung der Konstitution der Wesensglieder im Sinne einer Lockerung des Ätherleibes so, dass daraus die Fähigkeit, den Christus in seiner ätherischen Wesenheit wahrzunehmen, hervorgehen werde.

chung dieses Geheimnisses von dem Schauen des Christus, von diesem neuen Verhältnis, das der Christus mit der Menschheit eingehen soll, Missstimmung und Widerwillen hervorruft bei jenen Menschen, welche als Angehörige gewisser Brüderschaften dieses Ereignis vom 20. Jahrhundert, dieses Ereignis der Erscheinung des ätherischen Christus ausnutzen wollen in ihrem Sinne und es nicht zu einem Gemeingut der allgemeinen menschlichen Erkenntnis machen wollen. Es gibt Brüderschaften – und Brüderschaften beeinflussen immer die öffentlichen Meinungen, indem sie dies oder jenes zum Beispiel gerade durch solche Mittel verbreiten lassen, durch die es am wenigsten den Menschen auffällt –, es gibt gewisse okkulte Brüderschaften, die lassen verbreiten, dass die Zeit des Materialismus bald abgelaufen sein werde, ja, dass sie in einer gewissen Weise schon abgelaufen sei. Die armen, bemitleidenswerten «gescheiten Leute» – das «gescheite Leute» ist jetzt selbstverständlich in Gänsefüßchen gestellt –, die heute in so zahlreichen Versammlungen und Büchern und Vereinen die Lehre verbreiten, dass der Materialismus abgewirtschaftet habe, dass man schon wiederum etwas vorn Geiste begreife, aber die den Leuten nicht mehr geben können als das Wort Geist und einzelne Phrasen, diese Leute stehen mehr oder weniger im Dienste derjenigen, die ein Interesse daran haben, zu sagen, was nicht wahr ist, zu sagen, der Materialismus habe abgewirtschaftet; denn wahr ist dieses nicht, sondern im Gegenteil, die materialistische Gesinnung ist in Zunahme begriffen, und sie wird am besten gedeihen, wenn sich die Leute einbilden werden, dass sie nicht mehr Materialisten seien. Die materialistische Gesinnung ist im Zunehmen begriffen und wird noch im Zunehmen sein durch etwa vier bis fünf Jahrhunderte.

Was notwendig ist, das ist das hier oftmals Betonte: in klarem Bewusstsein zu erfassen diese Tatsache, zu wissen, dass das so ist. Dann wird die Menschheit schon zum Heile kommen, wenn man das ordentlich weiß, wenn man so arbeitet im Geistesleben, dass man weiß: Die fünfte nachatlantische Epoche ist dazu da, materialistisches Wesen herauszugestalten aus der allgemeinen Menschheitsentwicklung. Aber es muss umso mehr spirituelles Wesen dem entgegengestellt werden. Ich habe in den vorangehenden Vorträgen gesagt, was die Menschen des fünften nachatlantischen Zeitraums kennenlernen müssen, das ist: den vollbewussten Kampf gegen das in der Menschheitsentwicklung auftretende Böse.[25] So wie in der vierten nachatlantischen Kulturperiode der Kampf stattfand um die Auseinandersetzung mit Geburt und Tod, so findet jetzt statt die Auseinandersetzung mit dem Bösen. Also auf das vollbewusste Erfassen der geistigen Lehre, darauf kommt es jetzt an, nicht darauf, Sand in die Augen zu streuen den Zeitgenossen, als ob der Teufel des Materialismus nicht da sei. Er wird noch immer mehr und mehr zunehmen. Diejenigen, die in einer nicht richtigen Weise diese Dinge behandeln, die wissen von dem Ereignis der Christus-Erscheinung gerade so gut wie ich; aber sie behandeln dieses Ereignis der Christus-Erscheinung in einer andern Weise. Und um das zu verstehen, muss man Folgendes ins Auge fassen.

Wie jetzt die Menschheit geworden ist in dieser fünften nachatlantischen Zeit, da ist ganz unberechtigt der Satz, den viele in ihrer Bequemlichkeit sprechen: Nun ja, während wir hier zwischen Geburt und Tod le-

25 Siehe den Vortragszyklus GA 177. Vgl. ferner z. B. die Vorträge vom 24. September 1916 in GA 171 und vom 3. und 4. November 1917 in GA 273.

ben, da kommt es darauf an, sich dem Leben zu übergeben; ob dann, wenn wir durch den Tod gegangen sind, wir in eine geistige Welt eintreten, das wird sich schon zeigen, das können wir ja abwarten. Hier genießen wir unser Leben, wie wenn es nur eine materielle Welt gäbe; wenn man durch den Tod in die geistige Welt eintritt, nun ja, dann wird sich schon zeigen, ob eine geistige Welt da ist! – Es ist das ungefähr ebenso gescheit wie der Schwur, den einer ablegt, der da sagt: So wahr ein Gott im Himmel ist, bin ich ein Atheist![26] – Es ist ungefähr ebenso gescheit wie dieses; aber es ist die Gesinnung sehr vieler, die da sagen: Es wird sich zeigen nach dem Tode, wie es da ist, bis dahin braucht man sich gar nicht mit irgendwelcher spirituellen Wissenschaft zu befassen.

Es war zu allen Zeiten eine solche Gesinnung höchst anfechtbar, aber verhängnisvoll wird sie insbesondere in dieser fünften nachatlantischen Zeit, in der wir leben, weil sie durch die Herrschaft des Bösen gerade besonders nahegelegt wird dem Menschen. Indem der Mensch unter den gegenwärtigen Entwicklungsbedingungen durch die Pforte des Todes tritt, nimmt er die Bewusstseinsbedingungen mit, welche er sich selbst hergestellt hat zwischen der Geburt und dem Tode. Derjenige Mensch, welcher unter den gegenwärtigen Verhältnissen ganz und gar sich nur beschäftigt hat mit Vorstellungen und Begriffen und Empfindungen über die materielle, über die Sinneswelt, der verurteilt sich unter den gegenwärtigen Verhältnissen dazu, dass er nach dem Tode nur in einer Umgebung lebt, auf welche die während des leiblichen Lebens ausgeprägten

26 Ludwig Anzengruber (1839–1889): *Ein Faustschlag,* Schauspiel in drei Akten, 3. Akt, 6. Szene, wörtlich: «so wahr ein Gott lebt! – ich bin Atheist!»

Begriffe Bezug haben. Während der, welcher spirituelle Vorstellungen aufnimmt, rechtmäßig in die geistige Welt einzieht, muss derjenige, der es ablehnt, geistige Vorstellungen aufzunehmen, in gewissem Sinne in irdischen Verhältnissen verbleiben, bis er – und das dauert eine lange Zeit – gelernt hat, drüben so viel geistige Begriffe aufzunehmen, dass er durch sie in die geistige Welt getragen werden kann. Also, ob wir hier geistige Begriffe aufnehmen oder nicht, das bestimmt unsere Umgebung drüben. Viele von denen, die – man kann es nur mit Mitleid sagen – sich gesträubt haben oder verhindert waren, geistige Begriffe hier im Leben aufzunehmen, die wandeln auch noch als Tote auf Erden umher, bleiben mit der Erdensphäre in Verbindung. Und da wird dann die Seele des Menschen, wenn sie nicht mehr abgeschlossen ist von der Umgebung durch den Leib, der nun nicht mehr verhindert, dass sie zerstörerisch wirkt, da wird die Seele des Menschen, wenn sie in der Erdensphäre lebt, zum zerstörenden Zentrum.

Also betrachten wir diesen, ich möchte sagen, mehr normalen Fall, dass unter den gegenwärtigen Verhältnissen Seelen nach dem Tode in die geistige Welt hinüberkommen, die ganz und gar nichts wissen wollten von spirituellen Begriffen und Empfindungen: Sie werden zu zerstörerischen Zentren, weil sie in der Erdensphäre aufgehalten werden. Nur Seelen, welche schon hier durchdrungen sind von einem gewissen Zusammenhang mit der geistigen Welt, gehen durch die Pforte des Todes so, dass sie in der richtigen Weise in die geistige Welt aufgenommen, der Erdensphäre entrückt werden und jene Fäden spinnen können auch zu den hier Zurückgebliebenen, welche fortwährend gesponnen werden. Denn darüber müssen wir uns nur klar sein: Die geistigen Fäden zwischen den toten Seelen und uns selber, die mit ihnen verbunden waren, die werden durch den Tod nicht abgerissen, die bleiben, sind sogar viel inniger nach dem Tode, als sie hier gewesen sind. Aber das, was ich gesagt habe, das muss man als eine ernste, bedeutungsvolle Wahrheit aufnehmen.

Wiederum ist das etwas, was ich nicht etwa allein weiß, was andere auch wissen, dass dies in der Gegenwart so ist. Aber es gibt viele, welche gerade in recht schlimmem Sinne diese Wahrheit ausnutzen. Es gibt heute verführte Materialisten, die glauben, dass das materielle Leben das einzige sei; aber es gibt auch Eingeweihte, die Materialisten sind und die durch Brüderschaften materialistische Lehren verbreiten lassen. Von diesen Eingeweihten dürfen Sie nicht glauben, dass sie etwa auf dem albernen Standpunkte stehen, dass es keinen Geist gibt oder dass der Mensch nicht eine Seele hat, die von dem Leibe unabhängig sein kann und ohne ihn leben kann. Sie können getrost annehmen, dass derjenige, der in die geistige Welt wirklich eingeweiht ist, sich nie der Albernheit hingibt, an die bloße Materie zu glauben. Aber es gibt viele, welche in einer gewissen Weise ein Interesse daran haben, den Materialismus verbreiten zu lassen, und die allerlei Veranstaltungen treffen, damit ein großer Teil der Menschen an den Materialismus allein glaubt und ganz und gar unter dem Einfluss des Materialismus steht. Nun gibt es Brüderschaften, welche an ihrer Spitze Eingeweihte haben, die eben ein solches Interesse haben, den Materialismus zu pflegen, zu verbreiten. Diesen Materialisten dient es sehr gut, wenn immerfort davon geredet wird, dass der Materialismus eigentlich schon überwunden sei. Denn man kann auch irgendeine Sache mit den entgegengesetzten Worten anstreben; die Verfahrungsweisen sind oftmals recht komplizierte.

Was wollen nun solche Eingeweihte, welche eigentlich ganz gut wissen, dass die Menschenseele ein rein spirituelles Wesen ist, ein spirituelles Wesen, ganz selbständig gegenüber der Leiblichkeit, und die dennoch die materialistische Gesinnung der Menschen hegen und pflegen? Diese Eingeweihten wollen, dass möglichst viele Seelen da seien, welche hier zwischen Geburt und Tod nur materialistische Begriffe aufnehmen. Dadurch werden diese Seelen präpariert, in der Erdensphäre zu bleiben. Sie werden gewissermaßen in der Erdensphäre gehalten. Und nun denken Sie sich, dass Brüderschaften eingerichtet werden, die das genau wissen, die jene Verhältnisse gut kennen. Diese Brüderschaften präparieren dadurch gewisse Menschenseelen so, dass diese Menschenseelen nach dem Tode im Reiche des Materiellen verbleiben. Wenn diese Brüderschaften dann – was möglicherweise in ihrer verruchten Macht liegt – die Veranstaltung treffen, dass diese Seelen nach dem Tode in den Bereich der Machtsphäre ihrer Brüderschaft kommen, dann wächst dieser Brüderschaft dadurch eine ungeheure Macht zu. Also diese Materialisten sind nicht Materialisten, weil sie nicht an den Geist glauben, so töricht sind diese Eingeweihten-Materialisten nicht, die wissen ganz gut, wie es um den Geist steht; aber sie veranlassen die Seelen, bei der Materie auch nach dem Tode zu bleiben, um sich solcher Seelen zu ihrem Zwecke bedienen zu können. Also wird von solchen Brüderschaften eine Klientel geschaffen von Totenseelen, die im Bereiche der Erde verbleiben. Diese Totenseelen, die haben in sich Kräfte, die in der verschiedensten Weise gelenkt werden können, mit denen man Verschiedenes bewirken kann, wodurch man gegenüber denen, die in diese Dinge nicht eingeweiht sind, zu ganz besonderen Machtentfaltungen kommen kann.

Das ist einfach eine Veranstaltung gewisser Brüderschaften. Und in dieser Sache sieht nur derjenige klar, der sich keine Finsternis und nichts Nebuloses vormachen lässt; der sich nicht vormachen lässt, dass es solche Brüderschaften entweder gar nicht gibt oder dass ihre Dinge harmlos sind. Sie sind ganz und gar nicht harmlos, sie sind sehr harmvoll; die Menschen sollen im Materialismus noch immer weiter und weiter schreiten. Sie sollen nach dem Sinne solcher Eingeweihter glauben, dass es zwar geistige Kräfte gibt, aber dass diese geistigen Kräfte nichts anderes sind als auch gewisse Naturkräfte.

Nun möchte ich Ihnen doch das Ideal charakterisieren, das solche Brüderschaften haben. Man muss sich ein bisschen anstrengen, um die Sache zu verstehen. Denken Sie sich also eine harmlose Welt von Menschen, die ein wenig beirrt ist durch die heute herrschenden materialistischen Begriffe, die ein wenig abgeirrt ist von den alten, erprobten Religionsvorstellungen. Denken Sie sich solch eine harmlose Menschheit. Vielleicht können wir es uns gut graphisch vorstellen [es wird gezeichnet]: Wir denken uns hier das Gebiet einer solchen harmlosen Menschheit [größerer Kreis, hell]. Wie gesagt, diese Menschheit ist sich nur nicht recht klar über die geistige Welt; beirrt durch den Materialismus, weiß sie nicht recht, wie sie sich verhal-

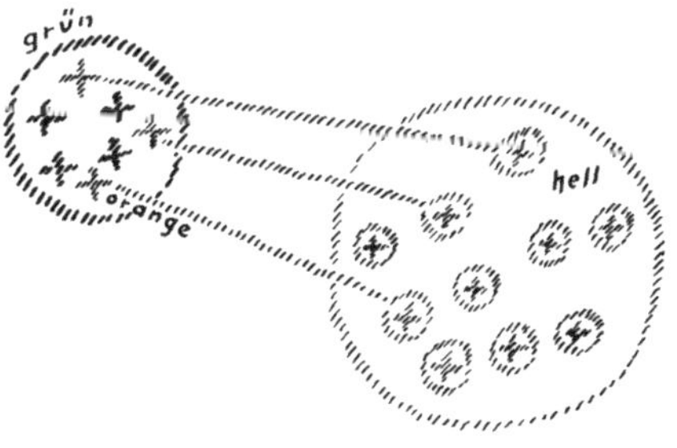

ten soll gegenüber der geistigen Welt. Namentlich weiß sie nicht recht, wie sie sich verhalten soll gegenüber denjenigen, die durch die Pforte des Todes gegangen sind.

Nun nehmen wir an, hier sei das Gebiet solch einer Brüderschaft [kleiner Kreis, grün]: Diese Brüderschaft verbreite die Lehre des Materialismus, sie sorge, dass diese Menschen jedenfalls rein materialistisch denken. Dadurch bringt es diese Brüderschaft dahin, sich Seelen zu erzeugen, die nach dem Tode in der Erdensphäre bleiben. Diese werden eine spirituelle Klientel für diese Loge [siehe Zeichnung, orange]; das heißt, man hat sich dadurch Tote geschaffen, die nicht aus der Erdensphäre hinausgehen, sondern bei der Erde bleiben. Macht man nun die richtigen Veranstaltungen, so behält man sie in den Logen darinnen. Also man hat auf diese Weise Logen geschaffen, welche Lebende enthalten und auch Tote, aber Tote, welche verwandt worden sind den Erdenkräften.

Nun dirigiert man die Sache so, dass diese Menschen hier Sitzungen abhalten, oder auf solch einem Wege, wie es bei Veranstaltungen der spiritistischen Sitzungen im Laufe der zweiten Hälfte des 19. Jahrhunderts war, von denen ich öfter gesprochen habe.[27] Dann kann es vorkommen – ich bitte Sie, das zu berücksichtigen –, dass dasjenige, was hier in diesen Sitzungen geschieht, dirigiert wird von der Loge aus mit Hilfe der Toten. Aber nach den eigentlichen Intentionen der Meister, die in jenen Logen sind, sollen die Menschen nicht wissen, dass sie es mit Toten zu tun haben, sondern glauben, dass sie es einfach mit höheren Naturkräften zu

27 So z. B. in folgenden Vorträgen: 23. September 1916 in GA 171; 27. November 1916 in GA 172; 26. Dezember 1916 in GA 173 sowie im Zyklus GA 254.

tun haben. Man will den Leuten beibringen, das seien höhere Naturkräfte: Psychismus und dergleichen, bloß höhere Naturkräfte. Man will ihnen den eigentlichen Seelenbegriff nehmen und sagen: Wie es Elektrizität, wie es Magnetismus gibt, so gibt es auch solche höhere Kräfte. Dass das von Seelen kommt, das kaschieren gerade diejenigen, die in der Loge führend sind. Dadurch aber werden die andern, die harmlosen Seelen, ganz abhängig nach und nach, seelisch abhängig von der Loge, ohne dass sie wissen, wovon sie abhängig sind, woher sie eigentlich dirigiert werden.

Es gibt kein anderes Mittel gegen diese Dinge als das Wissen davon. Weiß man davon, so ist man schon geschützt. Weiß man es so, dass dieses Wissen ein richtiges Fürwahrhalten, ein wirkliches Glauben ist, so ist man schon geschützt. Aber man muss nicht zu bequem sein, sich das Wissen von diesen Dingen wirklich zu erwerben. Nun, zunächst muss gesagt werden, dass es in diesen Dingen noch immer nicht eigentlich ganz zu spät ist. Denn ich habe Sie öfter darauf aufmerksam gemacht – diese Dinge können ja erst allmählich klarwerden, und ich kann nur allmählich die Elemente zusammentragen, um Ihnen die völlige Klarheit zu bringen –, ich habe Sie öfter darauf aufmerksam gemacht, dass im Verlaufe der zweiten Hälfte des 19. Jahrhunderts viele Brüderschaften des Westens probeweise den Spiritismus eingeführt haben, um durch diese Probe sich zu überzeugen, ob sie nun schon so weit waren mit der Menschheit, wie sie wollten. Es war ein Probieren, wie weit sie waren mit der Menschheit. In den spiritistischen Sitzungen – das haben sie erwartet – sollten eigentlich die Leute sagen: Es gibt höhere Naturkräfte. – Und sie waren dann enttäuscht, die Brüder der Linken, dass die Menschen zumeist nicht gesagt haben: Es gibt höhere Naturkräfte –, sondern gesagt haben: In den Sitzungen erscheinen Geister der Toten. – Das war die herbe Enttäuschung der Eingeweihten, das war gerade das, was sie nicht wollten; denn den Glauben an die Toten, den wollten diese Eingeweihten gerade den Menschen nehmen. Nicht die Wirksamkeit der Toten, nicht die Wirksamkeit der Kräfte der Toten, aber dieser Gedanke, dass das von den Toten kommt, dieser richtige, dieser bedeutsame Gedanke, der sollte den Menschen genommen werden. Sie sehen, es ist ein höherer Materialismus; es ist ein Materialismus, der den Geist nicht nur leugnet, sondern der den Geist hereinzwingen will in die Materie. Sie sehen, der Materialismus hat noch Formen, unter denen man ihn schon leugnen kann. Man kann sagen, der Materialismus ist verschwunden, wir reden schon vom Geist. Aber alle reden sie vom Geiste in verschwommener Weise. Da kann man ganz gut Materialist sein, wenn man alle Natur so zum Geiste macht, dass dann der Psychismus herauskommt. Worauf es ankommt, das ist, dass man in die konkrete geistige Welt, in die konkrete Geistigkeit den Blick hineinwerfen kann.

Hier haben Sie den Anfang von dem, wie es in den nächsten fünf Jahrhunderten immer intensiver und intensiver werden wird. Nun haben sich die bösen Brüderschaften darauf beschränkt; aber sie werden die Dinge schon fortsetzen, wenn ihnen nicht das Handwerk gelegt wird, das ihnen nur gelegt werden kann, wenn man die Bequemlichkeit gegenüber der geisteswissenschaftlichen Weltanschauung überwindet.

Also verraten haben sie sich gewissermaßen in den spiritistischen Sitzungen. Statt sich zu couvrieren, haben sie sich decouvriert durch die spiritistischen Sitzungen. Das war also eher etwas, wodurch sich gezeigt hat, dass ihnen ihre Wirtschaft noch nicht ganz gut gelungen war. Daher auch ging gerade von diesen Brüderschaften selber schon von den neunziger Jahren an das Bestreben aus, auch den Spiritismus als solchen wiederum für eine Zeitlang zu diskreditieren. Kurz, Sie sehen, es wird auf diesem Wege mit den Mitteln der geistigen Welt sehr, sehr Einschneidendes gemacht. Dasjenige, um was es sich dabei handelt, das ist also: Erhöhung der Macht, Ausnutzung gewisser Entwicklungsbedingungen, die im Laufe der Menschheit herauskommen müssen.

Gegen die Vermaterialisierung der Menschenseelen, gegen dieses Gebanntsein der Menschenseelen in die Sphäre der Irdischheit – und Logen sind ja auch im Irdischen – wird entgegengearbeitet. Wenn also die Seelen mit in den Logen spuken und dort wirken sollen, dann müssen sie ins Irdische gebannt sein. Gegen dieses Bestreben, diesen Impuls, im Irdischen zu wirken durch die Seelen, dem wird entgegengearbeitet durch den bedeutsamen Impuls des Mysteriums von Golgatha. Und dieser Impuls des Mysteriums von Golgatha ist auch die Weltheilung gegen die Vermaterialisierung der Seele. Es liegt vollständig außer dem Willen und außer den Intentionen der Menschen selbst, wie der Weg des Christus selber ist. Also kein Mensch irgendwelchen Wissens, auch kein Eingeweihter hat Einfluss darauf, dass der Christus dasjenige tut, was im Laufe des 20. Jahrhunderts zu der Erscheinung führt, von der ich Ihnen oft gesprochen habe, die Sie in den Mysteriendramen auch angedeutet finden. Das hängt bloß von dem Christus selbst ab. Der Christus wird als ätherische Wesenheit in der Erdensphäre vorhanden sein. Für die Menschen handelt es sich darum, wie sie sich zu ihm verhalten. Also auf die Erscheinung des Christus selbst hat niemand, kein noch so mächtiger Eingeweihter irgendeinen Einfluss. Das kommt. Das bitte ich Sie festzuhalten. Aber man kann Veranstaltungen treffen, dass dieses Christus-Ereignis so oder so aufgenommen werde, dass dieses Christus-Ereignis so oder so wirke.

Ja, diejenigen Brüderschaften, von denen ich Ihnen eben gesprochen habe, welche die Seelen der Menschen in die materialistische Sphäre bannen wollen, diese Brüderschaften haben das Bestreben, den Christus unvermerkt vorübergehen zu lassen im 20. Jahrhundert, sein Kommen als ätherische Individualität nicht bemerkbar werden zu lassen für die Menschen. Und diese Bestrebung entwickelt sich unter dem Einfluss einer ganz bestimmten Idee, eigentlich eines ganz bestimmten Willensimpulses; sie haben nämlich das Bestreben, die Einflusssphäre, die durch den Christus im 20. Jahrhundert und weiter kommen soll, für eine andere Wesenheit – wir werden darüber noch genauer sprechen –, für eine andere Wesenheit zu erobern. Es gibt westliche Brüderschaften, welche das Bestreben haben, dem Christus seinen Impuls streitig zu machen und eine andere Individualität, die nicht einmal irgendwann im Fleische erschienen ist, sondern nur eine ätherische Individualität, aber streng ahrimanischer Natur ist, an die Stelle zu setzen.

Alle jene Maßnahmen, von denen ich Ihnen jetzt eben gesprochen habe, mit den Toten und so weiter, die dienen letzten Endes solchen Zielen, die Menschen abzulenken von dem Christus, der durch das Mysterium von Golgatha gegangen ist, und einer andern Individualität die Herrschaft über die Erde zuzuschanzen. Das ist ein ganz realer Kampf und nicht irgend etwas, was etwa nur abstrakte Begriffe oder was weiß ich sein soll, sondern das ist ein ganz realer Kampf; ein Kampf, der sich eigentlich darauf bezieht, eine andere Wesenheit an die Stelle der Christus-Wesenheit im Verlaufe der Menschheitsentwicklung für den Rest der fünften nachatlantischen Zeit, für die sechste und für die siebente zu setzen. Es wird zu den Aufgaben einer gesunden, einer ehrlichen spirituellen Entwicklung gehören, solche Bestrebungen, die im eminentesten Sinne antichristlich sind, solche Bestrebungen zu vertilgen, wegzuschaffen. Aber nur klare Einsicht kann da etwas erreichen. Denn das andere Wesen, das diese Brüderschaften zum Herrscher machen wollen, dieses andere Wesen, das werden die ja als den «Christus» benennen, richtig als den «Christus» benennen! Und worauf es ankommen wird, das wird sein, dass man wirklich unterscheiden lernt zwischen dem wahren Christus, der ja auch jetzt, wie er erscheinen wird, nicht eine im Fleische verkörperte Individualität ist, und zwischen diesem Wesen, das sich von dem wahren Christus dadurch unterscheidet, dass es eben nie während der Erdenentwicklung verkörpert war, das ein Wesen ist, welches nur bis zu der ätherischen Verkörperung geht und das von diesen Brüderschaften eingesetzt werden soll anstelle des Christus, der unvermerkt vorübergehen soll.

Da haben wir also auf der einen Seite den Teil des Kampfes, der sich darauf bezieht, gewissermaßen die Christus-Erscheinung des 20. Jahrhunderts zu fälschen. Ja, wer das Leben nur an seiner Oberfläche so beobachtet, vor allen Dingen die äußerlichen Diskussionen über den Christus und die Jesus-Frage und so weiter, der sieht eben nicht in die Tiefe. Das ist Nebel, das ist Dunst, was den Leuten vorgemacht wird, um sie gerade abzulenken von den tieferen Dingen, von demjenigen, um was es sich eigentlich handelt. Wenn die Theologen über den Christus diskutieren, so ist in allen solchen

Diskussionen immer von irgendwoher ein spiritueller Einfluss, und diese Leute fördern da ganz andere Ziele und Zwecke, als sie selbst mit ihrem Bewusstsein glauben.

Das ist nun das Gefährliche des Begriffes des Unbewussten, dass man selbst über solche Verhältnisse heute die Leute ins Unklare hineinreitet. Während solche bösen Brüderschaften sehr bewusst ihre Zwecke verfolgen, wird natürlich das, was diese Brüderschaften bewusst verfolgen, zum Unbewussten für diejenigen, die auf der Oberfläche eben allerlei Diskussionen und dergleichen anstellen. Aber man trifft das Wesen der Sache nicht, wenn man vom Unbewussten redet; denn dieses sogenannte Unbewusste ist einfach jenseits der Schwelle des gewöhnlichen Bewusstseins, und es ist diejenige Sphäre, in welcher der Wissende solche Dinge entfalten kann. Sehen Sie, das ist eigentlich eine Seite der Sache, dass es wirklich so ist, dass sich gegenübersteht eine Summe von Brüderschaften, welche die Wirksamkeit des Christus durch die Wirksamkeit einer andern Individualität ersetzen wollen und alle Dinge so einrichten, dass sie dieses erreichen.

Dem gegenüber stehen östliche Brüderschaften, namentlich indische, die nicht minder bedeutungsvoll eingreifen wollen in die Entwicklung der Menschheit. Diese indischen Brüderschaften wiederum, die verfolgen ein anderes Ziel; sie haben niemals eine Esoterik entwickelt, diese indischen Brüderschaften, durch die sie Tote in ihren Bereich, in den Bereich ihrer Logen etwa hereinbringen würden; das liegt ihnen fern, solche Dinge wollen sie nicht. Aber sie wollen auf der andern Seite auch nicht, dass das Mysterium von Golgatha mit seinem Impuls die Entwicklung der Menschheit ergreife. Das wollen sie auch nicht. Sie wollen aber nicht, weil ihnen die Toten nicht in der Weise zur Verfügung stehen, wie ich das bei den westlichen Brüderschaften angedeutet habe, sie wollen den Christus – der ja als ätherische Individualität im Laufe des 20. Jahrhunderts in die Menschheitsentwicklung eintreten wird – nicht bekämpfen durch Aufstellen einer andern Individualität; dazu brauchten sie die Toten, und die haben sie nicht, dagegen wollen sie das Interesse ablenken von diesem Christus; sie wollen nicht hochkommen lassen das Christentum, diese östlichen Brüderschaften, namentlich die indischen. Sie wollen nicht das Interesse für den wirklichen, durch das Mysterium von Golgatha gegangenen Christus hochkommen lassen, der in einer einmaligen Inkarnation hier auf der Erde war drei Jahre lang und der dann nicht mehr in einer Inkarnation auf die Erde kommen kann. Tote wollen diese in ihren Logen nicht benutzen, aber doch auch etwas anderes als bloß das, was sie selber sind als lebende Menschen. In diesen indischen, östlichen Logen, da wird nämlich statt der Toten der westlichen Logen eine andere Art von Wesenheiten benutzt.

Wenn der Mensch stirbt, so hinterlässt er ja seinen ätherischen Leib; der trennt sich sehr bald nach dem Tode, wie Sie wissen. Dieser ätherische Leib wird unter normalen Verhältnissen von dem Kosmos aufgenommen. Dass diese Aufnahme auch etwas Kompliziertes ist, habe ich Ihnen ja in der verschiedensten Weise dargestellt.[28] Aber vor dem Mysterium von Golgatha, und auch noch nach dem Mysterium von Golgatha, namentlich in östlichen Gegenden, war etwas ganz Bestimmtes möglich. Wenn der Mensch einen solchen Ätherleib ab-

28 Vgl. dazu z. B. den Vortrag Rudolf Steiners vom 6. September 1915 in GA 163 sowie die Darstellung des Herausgebers in *Der Mensch zwischen Über- und Unternatur*, Stuttgart 2012.

gibt nach dem Tode, so können gewisse Wesenheiten diesen Ätherleib beziehen; sie werden dann ätherische Wesenheiten mit solchen von den Menschen abgelegten Ätherleibern. So dass es vorkommt in östlichen Gegenden, dass, jetzt nicht tote Menschen, aber allerlei dämonische Geister veranlasst werden, abgelegte Ätherleiber von Menschen anzuziehen. Und solche mit Ätherleibern von Menschen angetanen dämonischen Geister, die werden in die östlichen Logen aufgenommen. Die westlichen Logen also, die haben direkt in die Materie gebannte Tote; die östlichen Logen der linken Hand haben dämonische Geister; also Geister, die nicht der Erdenentwicklung angehören, die aber dadurch sich in die Erdenentwicklung hineinschleichen, dass sie anziehen von Menschen abgelegte Ätherleiber.

Exoterisch macht man das so, dass man diese Tatsache in Verehrung umwandelt. Sie wissen, dass zu den Künsten gewisser Brüderschaften die Hervorrufung der Illusionen gehört, weil, wenn die Menschen nicht wissen, wie weit Illusion überhaupt in der Wirklichkeit vorhanden ist, sie sehr leicht durch künstlich hervorgerufene Illusionen getäuscht werden können. Man macht also das, was man da erreichen will, indem man dies in die Form von Verehrung kleidet. Also denken Sie sich, ich habe einen Stamm von Menschen, einen zusammengehörigen Stamm; dem sage ich – nachdem ich vorher als ein «böser» Bruder bei einem Vorfahr die Möglichkeit herbeigeführt habe, dass der Ätherleib bezogen wird von einem dämonischen Wesen –, dem sage ich, er müsse diesen Ahnen verehren. Der Ahne ist einfach derjenige, der abgelegt hat seinen Ätherleib, welcher von Dämonen bezogen ist durch die Machinationen der Loge. Man führt also die Ahnenverehrung ein. Aber diese Ahnen, die verehrt werden, die sind einfach irgendwelche dämonischen Wesenheiten in dem Ätherleib des betreffenden Ahnen.

Man kann nun die Weltanschauung der östlichen Menschen dadurch abbringen von dem Mysterium von Golgatha, dass man in dieser Weise arbeitet wie in den östlichen Logen. Dann wird auch dadurch für die östlichen Menschen, für die Menschen vielleicht überhaupt – das will man ja erreichen – das erreicht, dass der Christus als Individualität, wie er über die Erde gehen soll, unbemerkt bleibt. Also die wollen nicht einen andern Christus substituieren, sondern sie wollen nur, dass die Erscheinung des Christus Jesus unbemerkt bleibe.

So wird gewissermaßen von zwei Seiten ein Kampf geführt gegen den ätherisch zutage tretenden Christus-Impuls im Laufe des 20. Jahrhunderts. In diese Entwicklung ist die Menschheit wirklich hineingestellt. Und was so im Einzelnen geschieht, das ist eigentlich nur immer eine Konsequenz desjenigen, was sich als die großen Impulse in der Menschheitsentwicklung vollzieht. Deshalb ist es ja so traurig, dass man den Menschen immer wieder vormachen will, wenn Unbewusstes, sogenanntes Unbewusstes in ihnen wirkt, so seien dies irgendwelche zurückgetretenen, was weiß ich, Liebesaffekte oder dergleichen, während in der Tat der Impuls sehr bewusster Geistigkeit von allen Seiten her durch die Menschheit geht, aber relativ unbewusst bleibt, wenn man sich nicht in seinem Bewusstsein um ihn bekümmert.

Zu diesen Dingen müssen Sie verschiedenes andere hinzunehmen. Die Menschen, welche es mit der Menschheitsentwicklung ehrlich gemeint haben von jeher, die haben mit solchen Dingen, wie wir sie jetzt charakterisiert haben, immer gerechnet und – viel mehr kann und darf auch der Mensch nicht tun – von ihrer Seite das Richtige unternommen.

Eine gute Pflegestätte für spirituelles Leben, eine ganz außerordentlich gute Pflegestätte, geschützt vor allen möglichen Illusionen, war in den ersten christlichen Jahrhunderten Irland, die irische Insel. Sie war richtig geschützt vor allen möglichen Illusionen, mehr als irgendein anderes Gebiet der Erde. Das ist auch der Grund, warum so viele Verbreiter des Christentums in den ersten christlichen Jahrhunderten von Irland ausgegangen sind. Aber diese Verbreiter des Christentums mussten alle eine naive Menschheit berücksichtigen, unter der sie wirkten; denn die europäische Menschheit, unter der sie wirkten, war dazumal naiv, sie mussten diese naive Menschheit in ihrer Naivität berücksichtigen; aber sie mussten für sich die großen Impulse der Menschheit wissen und verstehen. Im 4. und 5. Jahrhundert wirkten namentlich irische Eingeweihte in Mitteleuropa; da fingen sie an und sie wirkten so, dass sie das vorbereiteten, was in der Zukunft geschehen musste. Sie standen in einer gewissen Weise unter dem Einfluss jenes Einweihungswissens, dass im 15. Jahrhundert – Sie wissen: 1413 – die fünfte nachatlantische Zeit kommen werde. Unter diesem Einfluss standen sie. Sie wussten also, vorzubereiten haben sie eine ganz neue Zeit, eine naive Menschheit muss für diese neue Zeit behütet werden. Was tat man dazumal, um diese naive Menschheit Europas so zu behüten, dass sie gewissermaßen umzäunt war und gewisse schädliche Einflüsse nicht hereinkommen konnten, was tat man?

Man lenkte, von jetzt gut unterrichteter und dazumal ehrlicher Seite die Evolution so, dass allmählich jene Schifffahrt unterdrückt wurde, welche von nördlichen Ländern nach Amerika hinüber gemacht worden ist in den älteren Zeiten. So dass, während in älteren Zeiten die Schiffe namentlich von Norwegen aus nach

Amerika hinübergingen zu gewissen Zwecken – ich werde morgen[29] noch über diese Dinge sprechen –, man die Sache allmählich so einrichtete, dass Amerika von der europäischen Bevölkerung völlig vergessen wurde, dass der Zusammenhang mit Amerika allmählich dahinschwand. Und im 15. Jahrhundert wusste ja die europäische Menschheit von Amerika nichts. Namentlich von Rom aus wurde die Entwicklung so dirigiert, dass man aus bestimmten Gründen den Zusammenhang mit Amerika allmählich verlor, weil die europäische Menschheit geschützt werden musste vor den amerikanischen Einflüssen. Wesentlich beteiligt an diesem, dass vor dem amerikanischen Einflusse die europäische Menschheit geschützt werden musste, waren gerade von Irland aus die Mönche, welche als irische Eingeweihte auf dem europäischen Kontinente christianisierten.

In den älteren Zeiten brachte man von Amerika ganz bestimmte Einflüsse herüber; aber in dem Zeitalter gerade, wo die fünfte nachatlantische Epoche anfing, da sollte die Sache so sein, dass die europäische Menschheit von Amerika unbeeinflusst war, überhaupt nichts davon wusste, in dem Glauben lebte, es gibt gar kein Amerika. Erst als dann die fünfte nachatlantische Zeit hereingebrochen war, da wurde Amerika wieder entdeckt, wie das in der Geschichte bekannt ist. Es gehört zu den Wahrheiten, die Ihnen ja schon geläufig sein können, dass das, was man in der Schule als Geschichte lernt, vielfach eine Fable convenue ist. Auch das ist eine Fable convenue, dass Amerika 1492 zum ersten Mal entdeckt worden sei. Es ist nur wieder entdeckt worden. Es war nur eine Zeitlang der Zusammenhang so geschickt kaschiert, wie es geschehen musste. Aber

29 Siehe die folgende Darstellung S. 123

wissen muss man wiederum, wie die Dinge lagen und was wirkliche Geschichte ist. So dass also eine Zeitlang Europa sehr umzäunt worden ist und man Europa sorgfältig gehütet hat vor gewissen Einflüssen, die nicht nach Europa kommen sollten.

Solche Dinge zeigen Ihnen, wie bedeutungsvoll es ist, dieses sogenannte Unbewusste nicht als ein Unbewusstes aufzufassen, sondern als etwas, was sich sehr bewusst vollzieht hinter der Schwelle des menschlichen Bewusstseins, wie dieses als Alltagsbewusstsein ist. Es ist schon wichtig, dass heute ein größerer Teil der Menschheit erfährt von gewissen Geheimnissen. Daher habe ich so viel getan, als jetzt nur irgend möglich ist ganz öffentlich zu tun, in den Zürcher Vorträgen, wo ich, wie Sie wissen, sogar so weit gegangen bin, den Leuten zu erklären, inwiefern das geschichtliche Leben von den Menschen nicht mit dem gewöhnlichen Bewusstsein gewusst wird, sondern in Wirklichkeit geträumt wird; wie der Inhalt der Geschichte in Wirklichkeit von den Menschen geträumt wird, und dass erst dann, wenn die Menschen sich bewusst werden, dass der Inhalt der Geschichte geträumt wird, Gesundheit in diese Vorstellungen kommen wird.[30]

Das sind Dinge, durch die man allmählich das Bewusstsein aufweckt. Die Erscheinungen, die Tatsachen, die sich vollziehen, die bewahrheiten schon diese Dinge. Man muss sie nur nicht übersehen. Nur gehen die Menschen blind und schlafend durch die Tatsachen, sie gehen auch blind und schlafend durch solche tragischen Katastrophen wie die jetzige. Das sind Dinge, die ich zunächst mehr historisch in Ihr Herz legen möchte. Ich werde morgen genauer über diese Dinge sprechen.

30 Vortrag vom 7. November 1917, «Anthroposophie und Geschichtswissenschaft», in GA 73.

Ich möchte nur noch eine Vorstellung zu den Dingen hinzufügen. Erstens haben Sie aus der Auseinandersetzung gesehen, welch gewaltiger Unterschied zwischen Westen und Osten in der Menschheitsentwicklung ist. Zweitens bitte ich Sie, noch das Folgende zu berücksichtigen. Sehen Sie, der Psychoanalytiker redet vom Unterbewussten, vom unterbewussten Seelenleben und so weiter. Ja, darauf kommt es nicht an, mit einem solchen unbestimmten Begriff von den Dingen zu reden, sondern darauf kommt es an, zu erfassen: Was ist denn da nun eigentlich jenseits der Schwelle des Bewusstseins? Was gibt es denn da? Es ist gewiss sehr vieles da unten unter der Schwelle des Bewusstseins. Für sich ist es aber sehr bewusst, was da drunten ist. Aber man muss darauf kommen, was da für bewusste Geistigkeit jenseits der Schwelle des Bewusstseins ist. Man muss von bewusster Geistigkeit jenseits der Schwelle des Bewusstseins reden, nicht von unbewusstem Geistigen. Ja, da muss man sich klar sein darüber, dass der Mensch vieles hat, wovon er nichts weiß im gewöhnlichen Bewusstsein. Es wäre auch schlimm um den Menschen bestellt, wenn er im gewöhnlichen Bewusstsein von allem wissen müsste, was in ihm vorgeht. Denken Sie sich, wie er sich eigentlich sein Essen und Trinken einrichten müsste, wenn er genau die Vorgänge kennenzulernen hätte, physiologisch und biologisch, die sich abspielen vom Aufnehmen einer Speise an und so weiter! Das vollzieht sich alles im Unbewussten; dabei sind überall geistige Kräfte wirksam, auch bei diesem nur rein Physiologischen. Aber der Mensch kann nicht warten mit dem Essen und Trinken, nicht wahr, bis er gelernt hat, was da in ihm eigentlich vorgeht. So geht vieles in dem Menschen vor. Es ist für den Menschen schon ein großer Teil, ja der weitaus größte

Teil seines Wesens unbewusst, besser gesagt, unterbewusst.

Nun ist das Eigentümliche, dass von diesem Unterbewussten, das wir mit uns tragen, unter allen Umständen Besitz ergreift eine andere Wesenheit. So dass wir nicht nur diese Zusammenfügung sind von Leib, Seele und Geist und unsere von uns unabhängige Seele in unserem Leib durch die Welt tragen, sondern kurz vor der Geburt ergreift Besitz von den unterbewussten Teilen des Menschen eine andere Wesenheit. Diese ist da, diese unterbewusste Wesenheit, die geht mit dem Menschen den ganzen Weg zwischen Geburt und Tod. Etwas vor der Geburt kommt sie in den Menschen hinein und geht mit dem Menschen. Man kann sie auch etwa so charakterisieren, diese Wesenheit, die den Menschen ausfüllt in denjenigen Partien, die ihm nicht ins gewöhnliche Bewusstsein kommen: Sie ist eine sehr intelligente und eine solche, welche in ihrem Willen den Naturkräften ähnlich ist, eine Wesenheit also, die sehr intelligent ist, und mit einem Willen begabt, der den Naturkräften sehr verwandt ist, viel verwandter, als der Mensch mit seinem Willen den Naturkräften verwandt ist. Die Eigentümlichkeit muss ich aber doch hervorheben, dass sie außerordentlich große Gefahr leiden würde, wenn sie unter den jetzigen Verhältnissen mit dem Menschen den Tod mitmachen würde. Unter den gegenwärtigen Verhältnissen kann die Wesenheit nicht den Tod mitmachen; sie verschwindet also auch kurz vor dem Tode, muss sich dann immer retten, doch sie hat allerdings das Bestreben, das Menschenleben so einzurichten, dass sie sich den Tod erobern kann. Aber das wäre etwas Furchtbares für die menschliche Entwicklung, wenn diese Wesenheit, die so von dem Menschen Besitz ergreift, auch noch den Tod sich erobern könnte, wenn sie mit dem Menschen sterben könnte und auf diese Weise in die Welten hineinkommen könnte mit dem Menschen, die der Mensch nach dem Tode betritt. Sie muss immer vorher von dem Menschen Abschied nehmen, bevor der Mensch nach dem Tode die geistige Welt betritt. Das wird ihr in manchen Fällen recht schwierig, und da kommen allerlei Komplikationen vor. Aber die Sache ist so: Diese Wesenheit, die völlig im Unterbewussten waltet, ist sehr, sehr abhängig von der Erde als ganzem Organismus.

Die Erde ist keineswegs ein solches Wesen, wie es Geologen oder Mineralogen oder Paläontologen hinstellen; diese Erde ist ein vollbelebtes Wesen. Der Mensch sieht davon eben nur das Knochengerüste, denn der Geologe und Mineraloge und Paläontologe stellt nur das Mineralische hin, das ist das Knochengerüst. Wenn Sie nur das wissen, so wissen Sie ungefähr nur so viel, wie wenn Sie hier hereinkommen würden und von der gesamten erlauchten Gesellschaft durch eine besondere Einrichtung Ihres Sehvermögens nichts anderes als die Knochen sehen würden, das Knochensystem. Nun stellen Sie sich einmal vor, wenn Sie hier hereinkämen zu der Türe und auf diesen Stühlen säßen lauter Knochengerippe, nicht dass Sie etwa nichts als Knochen hätten, das mute ich Ihnen nicht zu, aber wir nehmen an, der Mensch hätte nur die Fähigkeit, die Knochen zu sehen, er wäre wie mit irgendeinem Röntgenapparat ausgebildet. So viel nur sieht die Geologie von der Erde, die sieht nur das Knochengerüst. Diese Erde hat aber nicht nur das Knochengerüst, sondern sie ist ein lebendiger Organismus, und diese Erde sendet an jedem Punkte, auf jedem Territorium aus ihrem Mittelpunkt besondere Kräfte an die Oberfläche. Stellen Sie sich also so die Oberfläche der Erde vor [siehe Zeichnung], hier östliches Gebiet, hier westliches Gebiet – nur um das Große ins Auge zu fassen. Die Kräfte nun, welche heraufgesendet werden von der Erde, sind etwas, was zum Lebensorganismus der Erde gehört. Und je nachdem der Mensch an diesem oder jenem Orte der Erde lebt, kommt nicht seine Seele, nicht diese unsterbliche Seele mit diesen Erdenkräften in Verbindung – die nur indirekt; die unsterbliche Seele des Menschen ist verhältnismäßig sehr unabhängig von Erdenverhältnissen, sie wird nur künstlich auf solche Weise, wie es heute gezeigt wurde, von den Erdenverhältnissen abhängig gemacht. Aber auf dem Umwege durch diesen andern, der vor der Geburt vom Menschen Besitz ergreift und vor dem Tode ihn wieder verlassen muss, durch diesen andern wirken besonders stark diese verschiedenen Kräfte, welche durch Rassentypen und geographische Verschiedenheiten in den Menschen hereinwirken. Also es ist dieser Doppelgänger, den der Mensch in sich trägt, auf den insbesondere die geographischen und sonstigen Differenzierungen wirken.

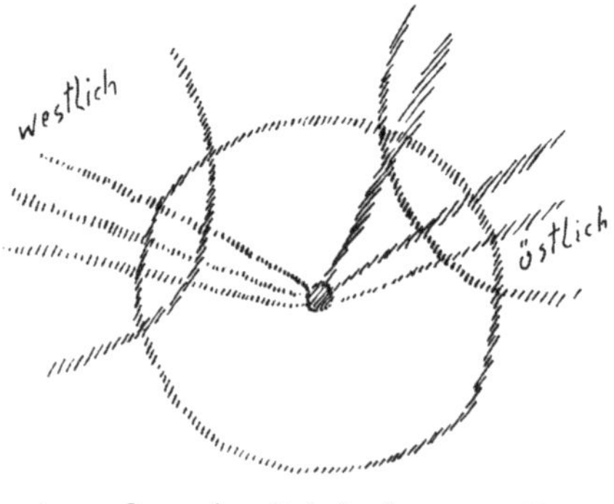

Das ist außerordentlich bedeutsam. Denn wir werden morgen sehen, wie auf diesen Doppelgänger von verschiedenen Punkten der Erde aus gewirkt wird, und was das für Konsequenzen hat. Ich habe eben hingewiesen: Es ist notwendig, dass Sie das, was ich heute sage, mit dem morgigen recht direkt zusammenhalten, weil das eine ohne das andere kaum verstanden werden kann. Und wir müssen jetzt versuchen, solche Begriffe in uns aufzunehmen, welche noch mehr ernst machen mit dem, was sich bezieht auf die gesamte Wirklichkeit, auf jene Wirklichkeit, in welcher die menschliche Seele ihrem ganzen Wesen nach lebt. Und diese Wirklichkeit, sie metamorphosiert sich ja in verschiedener Weise; aber es hängt viel von dem Menschen ab, wie sie sich metamorphosiert. Und eine bedeutungsvolle Metamorphose ist schon diese: wenn man gewahr wird, wie Menschenseelen, je nachdem, ob sie materialistische oder spirituelle Begriffe zwischen Geburt und Tod aufnehmen, dementsprechend sich an die Erde bannen oder in richtige Sphären kommen. Für diese Dinge müssen immer mehr klare Begriffe unter uns herrschen. Dann werden wir auch das richtige Verhältnis zur Gesamtwelt finden, müssen es immer mehr und mehr finden. Liegt das doch nicht nur im Sinne einer abstrakten Geistesbewegung, sondern muss bei uns liegen im Sinne einer ganz konkret aufgefassten spirituellen Bewegung, die mit dem geistigen Leben einer Summe von Individualitäten rechnet.

Zunächst bitte ich Sie, mit Bezug auf die Betrachtungen, die wir jetzt pflegen, und die ich angeknüpft habe an das Hereinleuchten einer Erkenntnisbestrebung mit unzulänglichen Erkenntnismitteln, die uns aber zu weiten historischen Perspektiven geführt haben, dabei zunächst zu beachten, dass sowohl bei diesen Dingen wie auch bei dem, was ich aus der gleichen Absicht, dem gleichen Impuls heraus bei meinem vorigen Hiersein gesagt habe: Es handelt sich um Mitteilungen tatsächlicher Vorgänge, nicht um irgendeine Theorie, nicht um irgendeine Vorstellungssystematik, sondern um Mitteilungen von Tatsachen. Also gerade das ist der Punkt, den wir berücksichtigen müssen aus dem Grunde, weil uns sonst das Verständnis dieser Dinge Schwierigkeiten bereiten kann. Es handelt sich nicht darum, dass ich Ihnen geschichtliche Gesetze oder historische Ideen entwickle, sondern Tatsächlichkeiten, die zusammenhängen mit den Intentionen, mit den Absichten sowohl gewisser Persönlichkeiten, die in Brüderschaften zusammengeschlossen sind, als auch anderer Wesenheiten, welche auf solche Brüderschaften einwirken, deren Einfluss von diesen Brüderschaften auch gesucht wird, die aber, so wie sie sind, nicht zu den im Fleische verkörperten Menschen gehören, sondern solche Wesen sind, die sich in der geistigen Welt verkörpern. Insbesondere bei einer Mitteilung wie diejenige ist, die ich gestern gemacht habe, ist dies sehr notwendig zu berücksichtigen. Denn bei diesen Brüderschaften haben wir es ja – das haben Sie schon aus den Auseinandersetzungen des vorigen Jahres erkennen können[31] – gewissermaßen mit verschiedenen Parteien zu tun. Ich habe Sie dazumal darauf aufmerksam gemacht, dass wir es innerhalb solcher Brüderschaften mit einer solchen Partei zu tun haben, welche von sich aus für die absolute Geheimhaltung gewisser höherer Wahrheiten ist; daneben, neben andern Schattierungen, hat man es zu tun mit Mitgliedern solcher Brüderschaften, welche namentlich seit der Mitte des 19. Jahrhunderts dafür sind,

---

31 Vgl. oben Anm. 23, S. 81.

dass gewisse Wahrheiten – wenn auch zunächst noch jene Wahrheiten, für deren Bekanntmachung nur die nächste Notwendigkeit besteht – vorsichtig und entsprechend sachgemäß der Menschheit enthüllt werden. Neben diesen Hauptparteien gibt es andere Parteinuancen. Daraus aber ersehen Sie, dass dasjenige, was beabsichtigt wird, was gerade ausgehend von solchen Brüderschaften in die Menschheitsentwicklung als Impuls hineinverlegt wird, sehr häufig die Sache eines Kompromisses sein wird.

Nun, gerade als die Brüderschaften, die bekannt sind mit den geistigen Wirkensimpulsen der Menschheitsentwicklung, herankommen sahen das bedeutsame Ereignis vom Anfang der vierziger Jahre: den Kampf gewisser Geister mit höheren Geistern, der dann 1879 damit beschlossen worden ist, dass gewisse Geister mit Engelnatur, Geister der Finsternis, verfallen sind dem Ereignisse, das als die Überwindung des Drachens durch Michael symbolisiert wird, als also in der Mitte des 19. Jahrhunderts, am Anfang der vierziger Jahre, diese Brüderschaften jenes Ereignis herankommen fühlten, da mussten sie dazu Stellung nehmen, mussten sich fragen: Was ist zu tun?

Diejenigen Mitglieder dieser Brüderschaften, welche vor allen Dingen Rechnung tragen wollten den Forderungen der Zeit, sie waren bis zu einem gewissen Grade von den besten Absichten beseelt, und sie waren es, welche unter dem irrtümlichen Impulse standen, mit dem Materialismus der Zeit rechnen zu wollen; sie waren es, welche vorzugsweise darauf bedacht waren, den Menschen, die eigentlich nur auf physischem Wege etwas wissen wollten, gerade auf materialistische Weise auf diesem physischen Wege, ich möchte sagen, etwas beizubringen von der geistigen Welt. Es war also gut gemeint, als in den vierziger Jahren von dieser Seite der Spiritismus in die Welt hineinlanciert worden ist.

Notwendig war es in der Zeit dieses Kampfes, in der, wie ich angedeutet habe, auf Erden vorzugsweise herrschen sollte der kritische Geist, der bloß auf die Außenwelt gerichtete Verstand, notwendig war es, den Menschen wenigstens eine Empfindung, ein Gefühl dafür beizubringen, dass es eine geistige Welt um die Menschen herum gibt.

Und nun, wie eben Kompromisse zustande kommen, so kam auch dieser Kompromiss zustande. Diejenigen Mitglieder solcher Brüderschaften, die sich durchaus ablehnend verhielten gegen die Bekanntgabe gewisser spiritueller Wahrheiten an die Menschheit, die sahen sich, ich möchte sagen, majorisiert, mussten sich herbeilassen, der Sache zuzustimmen. Es war nicht ihre ureigene Absicht, diese Dinge in die Welt zu setzen, die mit dem Spiritismus zusammenhingen. Wo es sich um Körperschaften handelt und der Wille der Körperschaften vorliegt, da hat man es mit Kompromissen zu tun. Aber natürlich, wie es äußerlich im Leben ist: Wenn in irgendeiner Körperschaft etwas beschlossen wird, so erwarten da nicht nur diejenigen etwas von dem Beschlossenen, welche aus ihren eigenen Absichten heraus die Sache in Szene gesetzt haben, sondern auch jene, die ursprünglich dagegen waren, erwarten das eine oder das andere davon, wenn es einmal beschlossen ist.

So waren denn gutmeinende spirituelle Mitglieder der Brüderschaften der irrtümlichen Ansicht, dass durch die Benützung der Medien die Menschen von dem Vorhandensein einer geistigen Welt um sie herum überzeugt werden würden; dann würde man ihnen auf Grundlage dieser Überzeugung weiter höhere Wahrheiten beibringen können. Das wäre dann gegangen, wenn das eingetroffen wäre, was diese gutmeinenden Mitglieder von Brüderschaften vorausgesetzt hatten: wenn es eingetroffen wäre, dass dasjenige, was durch solche Medien zutage tritt, in dem Sinne ausgelegt worden wäre, dass man es mit einer geistigen Welt ringsherum zu tun hat. Es ist etwas ganz anderes eingetreten – wie ich auch gestern angedeutet habe. Was durch die Medien zutage trat, das wurde interpretiert von den Menschen, die daran teilnahmen, als herkommend von den Toten. Dadurch war das, was durch den Spiritismus zutage trat, eigentlich eine Enttäuschung für alle. Denn diejenigen, welche sich haben überstimmen lassen, waren natürlich aufs äußerste betrübt darüber, dass in den spiritistischen Sitzungen – zuweilen mit Recht – von Manifestationen der Geister Verstorbener geredet werden konnte. Die gutmeinenden fortschrittlichen Eingeweihten, die erwarteten überhaupt nicht, dass von Toten gesprochen würde, sondern sie erwarteten, dass von einer allgemeinen elementaren Welt gesprochen würde; auch sie waren also enttäuscht. Vor allem aber verfolgen solche Dinge jene, die in einer gewissen Weise eingeweiht sind. Und nun haben wir – außer den bereits angeführten Mitgliedern von Brüderschaften – solche Mitglieder anderer Bruderschaften oder zum Teil auch derselben, worinnen sich Minoritäten, manchmal auch Majoritäten bilden können; wir haben andere Eingeweihte zu beachten: jene, welche genannt werden innerhalb der Bruderschaften «die Brüder der Linken», also jene, welche vor allen Dingen ausnutzen ein jegliches, was als Impuls der Menschheitsentwicklung einverleibt wird, im Sinne einer Machtfrage. Und selbstverständlich, diese Brüder der Linken erwarteten nun auch ihrerseits allerlei von dem, was durch den Spiritismus zutage trat. Ich habe gestern bemerklich gemacht, dass es solche Bruder der Linken vor allen Dingen waren, welche die Veranstaltungen mit den Seelen der toten Menschen gemacht haben. Für sie war vor allen Dingen das interessant, was durch die spiritistischen Sitzungen herauskommen werde. Sie bemächtigten sich nach und nach des ganzen Feldes. Die gutmeinenden Eingeweihten verloren nach und nach alles Interesse an dem Spiritismus, fühlten sich in einer gewissen Weise sogar beschämt, weil diejenigen, die den Spiritismus von Anfang an nicht wollten, ihnen sagten, das hätte man von Anfang an wissen können, dass mit dem Spiritismus jetzt nichts herauskommen kann. Dadurch kam aber gerade der Spiritismus in die Machtzone, ich möchte sagen, der Brüder der Linken. Nun, von solchen Brüdern der Linken habe ich gestern gesprochen, die vor allen Dingen sich dadurch enttäuscht fühlten, da sie sahen, es könne durch diesen nun einmal in Szene gesetzten Spiritismus sich das enthüllen, was sie eigentlich angeregt hatten, wovon sie aber vor allen Dingen wollten, dass es nicht herauskäme: es könne ja gerade in spiritistischen Sitzungen, weil sich die Teilnehmer von den Toten beeinflusst glaubten, durch Mitteilung der Toten sich offenbaren, was gewisse Brüder der Linken mit den Seelen Verstorbener machen. Gerade solche Seelen konnten sich in den spiritistischen Sitzungen manifestieren, die missbraucht wurden gewissermaßen von den Brüdern der Linken.

Das müssen Sie eben durchaus in Betracht ziehen, dass es sich bei diesen Mitteilungen nicht um Theorien handelt, sondern dass es sich darum handelt, Tatsachen zu erzählen, die auf Individualitäten zurückgehen. Und wenn nun diese Individualitäten wiederum vereinigt sind in Brüderschaften, so kann von ein und derselben Sache die eine Individualität dies, die andere jenes erwarten. Es geht schon einmal nicht, wenn man von dem Tatsächlichen der geistigen Welt redet, es geht schon einmal nicht, da etwas anderes zu suchen als ein Wirken aus den Impulsen der Individualitäten heraus. Was der eine macht und was der andere macht, widerspricht sich ja auch im Leben. Redet man von Theorien, dann darf der Satz des Widerspruchs nicht verletzt werden. Redet man aber von Tatsachen, dann wird sich – gerade weil man von Tatsachen redet – sehr häufig zeigen, dass diese Tatsachen in der geistigen Welt ebenso wenig zusammenstimmen wie die Handlungen der Menschen hier auf dem physischen Plane. Also ich bitte Sie, das immer zu berücksichtigen. Man kann ja, wenn man von diesen Dingen spricht, nicht über Wirklichkeiten reden, wenn man nicht von individuellen Tatsachen redet. Das ist es, um was es sich handelt. Also es müssen die einzelnen Strömungen auseinandergehalten, auseinandergeschält werden.

Dies hängt aber zusammen mit einer sehr bedeutsamen Sache, die man, will man in der Gegenwart zu einer einigermaßen befriedigenden Weltanschauung kommen, sich vor allen Dingen zum Bewusstsein bringen muss. Es ist das, was ich nun sage, eine ganz prinzipielle und bedeutungsvolle Sache, trotzdem sie etwas abstrakter ist; aber wir müssen uns einmal diese Tatsache vor die Seele führen.

Der Mensch strebt nämlich, wenn er sich eine Weltanschauung bilden will, mit Recht danach, dass die einzelnen Teile dieser Weltanschauung zusammenstimmen. Dies tut er aus einer gewissen Gewohnheit heraus, aus einer Gewohnheit heraus, die so berechtigt ist wie nur möglich; denn sie hängt zusammen mit alledem, was durch viele Jahrhunderte hindurch der Menschheit teuerstes Seelen- und Geistesgut war: mit dem Monotheismus. Man will dasjenige, was einem in der Welt als Erlebnis begegnet, auf einen einheitlichen Weltengrund zurückführen. Dies hat seine gute Berechtigung, aber nicht nach derjenigen Seite hin, nach welcher es die Menschen gewöhnlich berechtigt glauben, sondern nach einer ganz andern Seite hin, von der wir das nächste Mal sprechen werden. Heute möchte ich Ihnen nur das prinzipiell Wichtige vor die Seele führen.

Wer mit der Voraussetzung an die Welt herantritt: Alles muss sich widerspruchslos so erklären lassen, als ob es aus einem einheitlichen Weltengrunde hervorgehe, der wird viele Enttäuschungen erleben gerade dann, wenn er in unbefangener Art der Welt und ihren Erlebnissen gegenübertritt. Es ist einmal so hergebracht, dass der Mensch alles das, was er in der Welt wahrnimmt, behandelt nach der pastoralen Weltanschauung: Alles führt zurück zu dem einheitlichen göttlichen Urgrund; aus Gott stammt alles, also muss es in einheitlicher Weise sich erklären lassen.

Nun ist das aber nicht so. Es ist nicht so, es stammt nicht dasjenige, was uns in der Welt an Erlebnissen umgibt, aus einem einheitlichen Urgrund, sondern es stammt aus voneinander verschiedenen spirituellen Individualitäten. Es wirken verschiedene Individualitäten zu dem zusammen, was uns in der Welt als Erlebnisse umgibt. So ist es zunächst. Über anderes, was den Monotheismus berechtigt macht, werden wir das nächste Mal noch sprechen. Aber so ist es zunächst. Wir müssen uns bis zu einem gewissen Grade, ja bis zu einem hohen Grade voneinander unabhängige Individualitäten denken, sobald wir nur die Schwelle der geistigen Welt übertreten. Aber dann kann man nicht verlangen, dass dasjenige, was auftritt, aus einem einheitlichen Prinzip heraus zu erklären ist. Denn denken Sie, schematisch dargestellt [siehe Zeichnung], dies wäre irgendein Erlebnis, meinetwillen wären das die Erlebnisse, sagen wir vom Jahre 1913 bis zum Jahre 1918. Die Erlebnisse der Menschen gehen natürlich nach beiden Richtungen fort. Ja, der Historiker wird immer versucht sein, nun ein einheitliches Prinzip in diesem ganzen Werdegang vorauszusetzen. So ist es aber nicht; sondern sobald man die Schwelle zur geistigen Welt überschreitet, die man nach unten und nach oben überschreiten kann [siehe Zeichnung, rot], es ist ein und dieselbe, so wirken in diese Ereignisse herein verschiedene Individualitäten zusammen, die voneinander verhältnismäßig unabhängig sind [siehe Zeichnung, Pfeile]. Und wenn Sie das nicht berücksichtigen, wenn Sie einen einheitlichen Weltengrund überall voraussetzen, so werden Sie die Ereignisse niemals verstehen. Nur dann, wenn Sie in dem, was

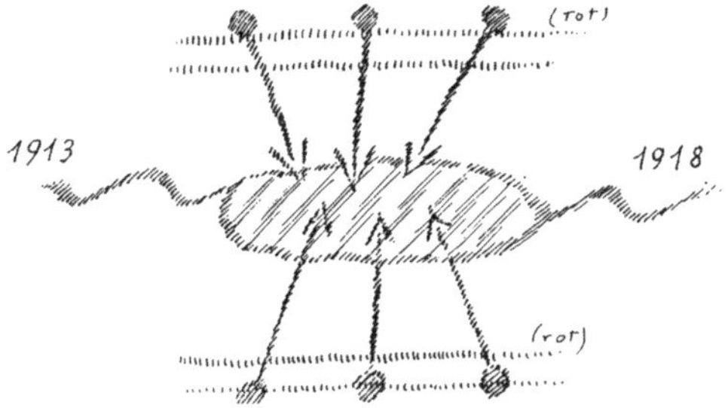

gewissermaßen der Wellenschlag der Ereignisse ist, die verschiedensten Individualitäten, die gegeneinander oder miteinander arbeiten, in Betracht ziehen, dann werden Sie die Dinge in der richtigen Weise verstehen.

Diese Sache hängt ja zusammen mit den tiefsten Geheimnissen des Menschenwerdens überhaupt. Und nur das monotheistische Gefühl hat diese Tatsache für

Jahrhunderte oder Jahrtausende verschleiert; aber in Betracht ziehen muss man sie. Man muss daher, wenn man heute in Weltanschauungsfragen weiterkommen will, vor allen Dingen Logik nicht verwechseln mit abstrakter Widerspruchslosigkeit. Abstrakte Widerspruchslosigkeit kann in einer Welt, in der voneinander unabhängige Individualitäten zusammenwirken, nicht da sein; daher wird es immer, wenn abstrakte Widerspruchslosigkeit angestrebt wird, zur Verarmung der Begriffe führen; die Begriffe werden nicht mehr die volle Wirklichkeit umspannen können. Nur dann können die Begriffe die volle Wirklichkeit umspannen, wenn diese Begriffe jene widerspruchsvolle Welt in sich zu fassen vermögen, welche eben die Wirklichkeit ist.

Dasjenige, was der Mensch als Naturgebiet vorliegend hat, das kommt auf eine sehr merkwürdige Weise zustande. Auch an der Natur, an allem, was der Mensch Natur nennt und mit Naturwissenschaft auf der einen Seite, mit Naturdienst, Naturästhetik und so weiter auf der andern Seite zusammenfasst, wirken verschiedene Individualitäten mit. Aber in dem gegenwärtigen Entwicklungszyklus der Menschheit ist durch die weisheitsvolle Weltenlenkung eine für den Menschen sehr segensvolle Einrichtung getroffen worden. Nämlich, der Mensch kann die Natur begreifen mit den Begriffen, die sich auf eine einheitliche Lenkung beziehen, weil von der Natur durch die Sinneswahrnehmung nur dasjenige an den Menschen als Erlebnis herankommt, was von der einheitlichen Lenkung abhängt. Hinter dem Teppich der Natur liegt etwas anderes, was von ganz anderer Seite beeinflusst wird. Aber das wird ausgeschaltet, wenn der Mensch die Natur wahrnimmt. So kommt es, dass dasjenige, was der Mensch Natur nennt, ein einheitliches System ist, aber nur deshalb, weil es durchgesiebt ist. Indem wir wahrnehmen durch unsere Sinne, wird uns die Natur gleichsam durchgesiebt. Alles das, was widerspruchsvoll in ihr ist, das wird herausgesiebt, und es wird die Natur uns so überliefert, dass sie ein einheitliches System ist. In dem Augenblick aber, wo man die Schwelle überschreitet und dasjenige, was zur Wirklichkeit gehört, auch zur Naturerklärung heranzieht – die elementaren Geister oder die Beeinflussungen der Menschenseelen, die sich auf die Natur auch richten können –, in dem Augenblick ist man nicht mehr in der Lage, auch bei der Natur von einem einheitlichen System zu reden, sondern da muss man sich dann auch schon wiederum klarwerden, dass man es mit dem Hereinwirken einander bekämpfender oder einander tragender, einander verstärkender Individualitäten zu tun hat.

In der elementaren Welt finden wir Geister der Erde, gnomenhafte Wesen; Geister des Wassers, undinenhafte Wesen; Geister der Luft, sylphenhafte Wesen; Geister des Feuers, salamanderartige Wesen. Die sind alle da. Ja, die sind nicht so, dass sie nun alle ein einheitliches Regiment bilden würden. So ist das nicht. Sondern diese verschiedenen Reiche: Gnomen, Undinen, Sylphen, Salamander, sie sind in einer gewissen Weise selbständig; sie arbeiten nicht nur in Reih und Glied alle aus einem System heraus, sondern sie bekämpfen auch einander. Ihre Intentionen haben nichts miteinander zu tun von vornherein, sondern das, was entsteht, entsteht durch das verschiedenartigste Zusammenwirken der Intentionen. Kennt man die Intentionen, dann sieht man in dem, was vor einem auftritt, dass da hereinwirken meinetwillen Feuergeister und Undinen zusammen. Aber man darf niemals glauben, dass hinter diesen nun wiederum einer steht, der ihnen ein gewisses Kommando gibt. Das ist nicht so. Es ist dieser Geist sehr verbreitet in der Gegenwart, und solche Philosophen, wie zum Beispiel der Philosoph Wundt – von dem Fritz Mauthner nicht mit Unrecht gesagt hat: «Autorität von seines Verlegers Gnaden»,[32] aber Autorität ist er fast für die ganze Welt vor dem Kriege gewesen –, die gehen darauf aus, alles dasjenige, was in der menschlichen Seele lebt, Vorstellungsleben, Gefühlsleben, Willensleben in eine Einheit zu fassen, weil sie sagen: Die Seele ist eine Einheit, also muss alles das zu einer Einheit, zu einem gemeinsamen System gehören. – Das ist aber eben nicht so, und es würden jene starken, bedeutungsvollen Diskrepanzen des menschlichen Lebens, auf die gerade die analytische Psychologie kommt, nicht herauskommen, wenn nicht unser Vorstellungsleben hinter der Schwelle zurückführte in ganz andere Regionen, wo andere Individualitäten unser Vorstellungsleben beeinflussen als unser Gefühlsleben und dann wiederum unser Willensleben.

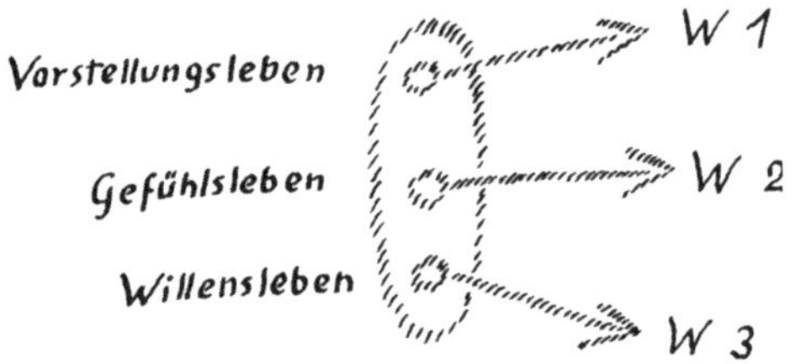

32 Wilhelm Wundt (1832–1920), Arzt, Physiologe, Psychologe und Philosoph, gründete das erste Institut für experimentelle Psychologie in Leipzig. – Fritz Mauthner (1849–1923), Schriftsteller und Philosoph. Wörtlich heißt es in dessen zweibändigem *Wörterbuch der Philosophie. Neue Beiträge zu einer Kritik der Sprache*, München/Leipzig 1910, Bd. 1, S. 411: «So Wundt, von eines Verlegers Gnaden ein Klassiker der Philosophie».

Es ist so sonderbar! Sehen Sie, wenn das die menschliche Wesenheit ist [siehe Zeichnung, Oval] und wir haben in der menschlichen Wesenheit Vorstellungsleben, Gefühlsleben, Willensleben [drei Kreise], dann kann sich so ein Systematiker wie Wundt nichts anderes vorstellen, als dass das alles ein System ist.

Indessen, es führt das Vorstellungsleben in eine andere Welt [W 1], es führt das Gefühlsleben in eine andere Welt [W 2], und wiederum das Willensleben in eine andere Welt [W 3]. Dazu ist gerade die Menschenseele da, um eine Einheit zu bilden aus demjenigen, was in der vormenschlichen, also augenblicklich vormenschlichen Welt eine Dreiheit ist.

Nun, mit allen diesen Dingen muss gerechnet werden, sobald für die geschichtliche Entwicklung der Menschheit in Betracht kommen die Impulse, die dieser geschichtlichen Entwicklung einmal einverleibt werden.

Ich habe im Verlaufe dieser Betrachtungen gesagt, dass ein jeder Zeitraum der nachatlantischen Zeit seine besondere Aufgabe hat. Ich habe im Allgemeinen die Aufgabe des fünften nachatlantischen Zeitraumes charakterisiert, indem ich angedeutet habe, dass es einmal schon für die Menschheit die Aufgabe dieses Zeitraumes ist, sich mit dem Bösen als Impuls in der Weltenentwicklung auseinanderzusetzen. Was das heißt, das haben wir ja verschiedentlich besprochen. Es ist nicht anders möglich, als dass die Kräfte, welche, wenn sie am schlechten Orte auftreten, als das Böse auftreten, durch die Anstrengungen der Menschen im fünften nachatlantischen Zeitraum für die Menschheit erobert werden, so dass sie mit diesen Kräften des Bösen etwas Günstiges für die Zukunft der ganzen Weltenentwicklung anzufangen in der Lage ist. Dadurch wird die Aufgabe dieses fünften nachatlantischen Zeitraums eine ganz besonders schwierige. Denn sehen Sie, eine große Anzahl von Versuchungen steht der Menschheit bevor. Und wenn so nach und nach die Gewalten des Bösen erscheinen, dann ist natürlich der Mensch unter Umständen viel mehr geneigt, sich diesem Bösen auf allen Gebieten zu überlassen, als dass er den Kampf aufnimmt, um dasjenige, was ihm als Böses erscheint, in den Dienst der guten Weltenentwicklung zu stellen. Und dennoch, dieses muss geschehen; es muss das Böse bis zu einem gewissen Grade in den Dienst der guten Weltenentwicklung gestellt werden. Ohne dieses könnte nicht eingetreten werden in den sechsten nachatlantischen Zeitraum, der dann eine ganz andere Aufgabe haben wird, der die Aufgabe haben wird, die Menschheit leben zu lassen, trotzdem sie mit der Erde noch zusammenhängt, vor allen Dingen in einer fortdauernden Anschauung der geistigen Welt, in geistigen Impulsen. Gerade mit dieser Aufgabe gegenüber dem Bösen im fünften nachatlantischen Zeitraum hängt es zusammen, dass eine gewisse Art von persönlicher Verfinsterung für die Menschen eintreten kann.

Nun wissen wir, dass seit dem Jahre 1879 die dem Menschen nächststehenden Geister der Finsternis, die dem Reiche der Angeloi angehören, im Menschenreiche selber wandeln, weil sie aus der geistigen Welt in das Menschenreich herabgestoßen worden sind und nun in den menschlichen Impulsen drinnen vorhanden sind, durch die menschlichen Impulse wirken. Ich sagte, gerade durch dieses, dass dem Menschen so nahestehende Wesen auf unsichtbare Art unter den Menschen wirken und der Mensch durch die hereinspielenden Kräfte des Bösen abgehalten ist davon, das Spirituelle mit der Vernunft anzuerkennen – denn das ist wiederum die damit zusammenhängende Aufgabe des fünften nachatlantischen Zeitraums –, gerade dadurch werden diesem fünften nachatlantischen Zeitraum viele Gelegenheiten gegeben, sich finsteren Irrtümern und dergleichen hinzugeben. Es muss gewissermaßen der Mensch sich dazu bequemen, in diesem fünften nachatlantischen Zeitraum das Spirituelle durch seine Vernunft zu erfassen. Geoffenbart wird es schon; dadurch, dass die Geister der Finsternis 1879 besiegt worden sind, dadurch wird immer mehr und mehr spirituelle Weisheit aus den geistigen Welten herunterfließen können. Nur wenn die Geister der Finsternis oben geblieben wären in den geistigen Reichen, würden sie ein Hemmnis sein können für dieses Herunterfließen. Das Herunterfließen von spiritueller Weisheit können sie fortan nicht verhindern; aber Verwirrung können sie fortan stiften, die Seelen können sie verfinstern. Und welche Gelegenheiten zur Verfinsterung ergriffen werden, haben wir ja zum Teil schon geschildert. Was für Vorkehrungen getroffen werden, haben wir angeführt, um die Menschen abzuhalten davon, das spirituelle Leben zu empfangen.

Das alles kann natürlich nicht zum Jammern oder irgend so etwas Anlass geben, sondern zu einer Stärkung der Kraft und Energie der Menschenseele nach dem Spirituellen hin. Denn wird in diesem fünften nachatlantischen Zeitraum von den Menschen dasjenige erreicht, was erreicht werden kann durch die Einverleibung der Kräfte des Bösen im guten Sinne, dann wird zu gleicher Zeit etwas Ungeheures erreicht: Dann wird dieser fünfte nachatlantische Zeitraum für die Entwicklung der Menschheit etwas wissen aus größeren Vorstellungen als irgendein nachatlantischer Zeitraum, ja als irgendein früherer Zeitraum der Erdenentwicklung. Erschienen ist zum Beispiel der Christus durch das Mysterium von Golgatha dem vierten nachatlantischen Zeitraum; aneignen für die menschliche Vernunft kann ihn sich der fünfte nachatlantische Zeitraum erst. Im vierten nachatlantischen Zeitraum haben die Menschen begreifen können, dass sie in dem Christus-Impuls etwas haben, was sie über den Tod hinausführt als Seelen; das ist ja durch das Paulinische Christentum hinlänglich klargeworden. Aber ein noch Bedeutsameres wird eintreten für die Entwicklung des fünften nachatlantischen Zeitraums, in dem die Menschenseelen erkennen werden, dass sie in dem Christus den Helfer haben, um die Kräfte des Bösen in Gutes umzuwandeln. Aber eines ist mit dieser Eigentümlichkeit des fünften nachatlantischen Zeitraums verbunden, eines, das man sich jeden Tag aufs Neue in die Seele schreiben soll, das man ja nicht vergessen soll, obwohl der Mensch besonders für das Vergessen dieser Sache angelegt ist: ein Kämpfer um das Spirituelle muss der Mensch sein in dieser fünften nachatlantischen Zeit; erleben muss er, dass seine Kräfte erschlaffen, wenn er sie nicht fortwährend im Zaume hält für die Eroberung der spirituellen Welt. Im höchsten Maße ist der Mensch auf seine Freiheit gestellt in diesem fünften nachatlantischen Zeitraum! Das muss er durchmachen. Und gewissermaßen an der Idee der menschlichen Freiheit muss geprüft werden alles dasjenige, was die Menschen trifft in diesem fünften nachatlantischen Zeitraum. Denn würden die Kräfte der Menschen erschlaffen, so könnte gewissermaßen alles zum Schlimmen ausfallen. Der Mensch ist nicht in der Lage, in diesem fünften nachatlantischen Zeitraum wie ein Kind geführt zu werden. Sind gewisse Brüderschaften da, welche sich gewissermaßen das Ideal vorhalten, die Menschen wie Kinder zu führen, wie sie noch geführt wurden im dritten nachatlantischen Zeitraum und im vierten, so tun diese Brüderschaften gar nicht das Rechte; sie tun gar nicht dasjenige, was für die Entwicklung der Menschheit eigentlich geschehen soll. Die Menschen so auf die spirituelle Welt hinzuweisen, dass Annahme oder Ablehnung der spirituellen Welt in die Freiheit der Menschen gestellt ist, das muss sich derjenige, der in dieser fünften nachatlantischen Zeit von dieser spirituellen Welt spricht, immer wieder und wiederum vorhalten. Daher können gewisse Dinge in dieser fünften nachatlantischen Zeit nur gesagt werden; aber das Sagen ist jetzt ebenso wichtig, wie irgend etwas anderes wichtig war in andern Zeiträumen. Dafür will ich Ihnen ein Beispiel geben.

In unserer Zeit ist das Mitteilen von Wahrheiten, wenn ich trivial sprechen darf, das Vortragen von Wahrheiten das Allerwichtigste. Danach richten sollen sich die Menschen aus ihrer Freiheit heraus. Weiter sollte eigentlich nicht gegangen werden als bis zum Vortrag, bis zur Mitteilung der Wahrheiten; das andere sollte in freiem Entschlusse daraus folgen; so daraus folgen, wie die Dinge folgen, die man als Entschlüsse fasst aus dem Impulse des physischen Planes heraus. Das bezieht sich auch auf die Dinge, die gewissermaßen nur von der geistigen Welt aus selbst gelenkt und geleitet werden können.

Wir werden uns gleich besser verstehen, wenn wir auf Einzelheiten eingehen. Noch im vierten nachatlantischen Zeitraum war es so, dass andere Dinge in Betracht kamen als das bloße Wort, die bloße Mitteilung. Was kam da in Betracht? Nun, nehmen wir einen bestimmten Fall an: Die Insel Irland, wie wir sie heute nennen, hat ganz besondere Eigentümlichkeiten. Diese Insel Irland unterscheidet sich durch gewisse Dinge von der ganzen übrigen Erde. Jedes Gebiet der Erde unterscheidet sich von den andern durch gewisse Dinge; das ist also nichts Besonderes; nur will ich den verhältnismäßig starken Unterschied heute hervorheben, der im Vergleich von Irland mit andern Gegenden der Erde besteht. In der Entwicklung der Erde kann man ja – wie Sie schon aus meiner *Geheimwissenschaft im Umriss* sehen – zurückgehen und verschiedene Einflüsse, verschiedene Geschehnisse konstatieren in demjenigen, was als Tatsachen aus der geistigen Welt herausgeholt werden kann. Sie wissen aus der *Geheimwissenschaft*, wie sich die Dinge verhalten, wenn man zurückgeht bis zu dem, was die lemurische Zeit genannt wird, was da alles geschehen ist seit der lemurischen Zeit, wie sich die verschiedenen Dinge entwickelt haben. Ich habe Sie nun gestern darauf aufmerksam gemacht, dass die ganze Erde eigentlich als ein Organismus zu betrachten ist, dass sie für verschiedene Territorien Verschiedenes aus sich herausstrahlt auf die Bewohner. Dieses Ausgestrahlte hat auf den Doppelgänger, auf den ich gestern zum Schluss aufmerksam gemacht habe, einen ganz besonderen Einfluss. Bei Irland ist es so, dass in älteren Zeiten die Menschheit, die Irland gekannt hat, die ganz besondere Eigentümlichkeit von Irland märchenhaft, legendenhaft zum Ausdruck gebracht hat. Ich möchte sagen, eine esoterische Legende hat man gekannt als aussprechend das Wesen von Irland im Erdenorganismus. Man hat gesagt: Die Menschheit ist einstmals aus dem Paradiese vertrieben worden, weil im Paradiese Luzifer die Menschheit verführt hat; und sie ist dann in die übrige Welt zerstreut worden. Aber diese übrige Welt war schon da zur Zeit, als die Menschheit aus dem Paradiese vertrieben worden ist. Man unterscheidet also – so sagte man in dieser märchenhaften, in dieser legendenhaften Darstellung –, man unterscheidet also das Paradies mit dem Luzifer darinnen von der übrigen Erde, in welche die Menschheit verstoßen worden ist. Aber mit Irland ist es nicht so, das gehört nicht in demselben Sinne zu der übrigen Erde, weil, bevor Luzifer das Paradies betreten hat, sich ein Abbild des Paradieses auf der Erde gebildet hat, und dieses Abbild ist Irland geworden.

Verstehen Sie wohl: Irland ist also dasjenige Stück Erde, welches keinen Teil hat an Luzifer, zu dem Luzifer keine Beziehung hat. Dasjenige, was abgesondert hat werden müssen vom Paradiese, damit sein irdischer Abglanz entstehe, das hätte verhindert, dass Luzifer ins Paradies hineingekonnt hätte. Also Irland wurde so aufgefasst nach dieser Legende, dass es erst eine Absonderung war desjenigen Teiles des Paradieses, der Luzifer verhindert hätte, in das Paradies hineinzukommen. Erst als Irland aus dem Paradiese heraus abgesondert war, konnte Luzifer in das Paradies hinein.

Diese esoterische Legende, die ich Ihnen sehr unvollkommen dargestellt habe, ist etwas sehr Schönes. Sie war vielen Menschen die Erklärung für die ganz eigentümliche Aufgabe von Irland durch Jahrhunderte hindurch. Im ersten Mysteriendrama, das ich geschrieben habe, finden Sie schon dasjenige, was ja so viel erzählt wird: wie die Christianisierung Europas von irischen Mönchen ausgegangen ist.[33] Als Patrick das Christentum eingeführt hatte in Irland, da verhielt sich die Sache ja so, dass dort das Christentum zur höchsten Frömmigkeit führte. Umdeutend die eben besprochene Legende, nannte man sogar Irland, das die Griechen «Ierne», die Römer «Ivernia» genannt hatten – in die-

33 In *Die Pforte der Einweihung* ist es wiederum die Seherin Theodora, die in einer karmischen Rückschau auf die hier erwähnte Zeit der Christianisierung Mitteleuropas durch irische Mönche hinweist.

sen Zeiten, in denen die Kräfte des europäischen Christentums gerade in seinen besten Impulsen von Irland ausgingen, von irischen, ins Christentum liebevoll Eingeweihten –, wegen der Frömmigkeit, die dort in den christlichen Klöstern herrschte: die Insel der Heiligen. Das hängt damit zusammen, dass allerdings die Kräfte, von denen ich gesprochen habe, diese territorialen Kräfte, die aus der Erde aufsteigend den menschlichen Doppelgänger erfassen, für die Insel Irland die allerbesten sind.

Sie werden sagen: Dann müssten ja in Irland die allerbesten Menschen sein. Ja, so ist es aber doch nicht auf der Welt. In jedes Gebiet wandern andere ein und haben Nachkommen und so weiter. Also, so ist es eben nicht, dass der Mensch bloß das Ergebnis des Stückes Erde ist, auf dem er steht. Es kann sehr wohl der Charakter der Menschen widersprechen dem, was aus der Erde aufsteigt. Man darf nicht dasjenige, was sich in den Menschen wirklich entwickelt, zur Charakteristik des Erdenorganismus mit Bezug auf ein bestimmtes Territorium anführen. Da würde man sich eben wiederum nur der Welt der Illusionen überlassen.

Aber so etwas wie das, was ich Ihnen jetzt angedeutet habe, dass Irland ein ganz besonderer Boden ist, das können wir heute sagen. Und aus solchem Sagen müsste erfließen ein Faktor unter den vielen Faktoren, welche heute in fruchtbarer Weise zu sozialpolitischen Ideen führen können. Man müsste mit solchen Faktoren rechnen. Das, was ich eben von Irland gesagt habe, ist ein Faktor, man müsste mit solchen Faktoren rechnen. Man müsste das alles zusammensetzen. Das müsste Wissenschaft sein von der Gestaltung der menschlichen Verhältnisse auf der Erde. Bevor das sein wird, wird mit Bezug auf die Einrichtung der öffentlichen

Angelegenheiten kein rechtes Heil sein. Das, was aus der geistigen Welt heraus gesagt werden kann, müsste einfließen in die Maßnahmen, die man trifft. Deshalb habe ich in öffentlichen Vorträgen jetzt gesagt, es sei wichtig, dass alle, die mit öffentlichen Angelegenheiten zu tun haben, Staatsmänner und so weiter, sich mit diesem bekanntmachen; denn dadurch allein würden sie die Wirklichkeit beherrschen. Sie tun es nur nicht, haben es vor allen Dingen nicht getan bis jetzt. Aber eine Notwendigkeit ist es deshalb doch.

Heute liegt das vor, dass in Gemäßheit der Aufgaben der fünften nachatlantischen Zeit es auf das Sagen ankommt, auf das Mitteilen; denn ehe das Gesagte zur Tat werden soll, müssen die Entschlüsse so gefasst werden, wie man sie aus dem Impulse des physischen Planes heraus fasst. Das war in früheren Zeiten eben anders; da hat man noch anderes tun können.

In einem bestimmten Zeitpunkte des dritten nachatlantischen Zeitraumes hat eine gewisse Brüderschaft Veranlassung genommen, eine größere Anzahl von Kolonisten aus Kleinasien nach der Insel Irland zu schicken. Dazumal wurden dort angesiedelt Kolonisten aus demselben Gebiete von Asien, aus dem später der Philosoph Thales stammte. Lesen Sie nach in meinen *Rätseln der Philosophie* über die Philosophie des Thales.[34] Thales stammte aus derselben Gegend, wenn auch später; er ist ja erst in der vierten nachatlantischen Zeit geboren. Aber schon früher, aus dem Milieu heraus, aus der ganzen geistigen Substanz heraus, aus welcher später der Philosoph Thales stammte, haben die Eingeweihten nach Irland Kolonisten geschickt. Warum? Weil sie die Eigentümlichkeit eines solchen Gebietes

34 GA 18, Kap. «Die Weltanschauung der griechischen Denker», S. 51–53.

der Erde, wie es Irland ist, gekannt haben. Sie haben dasjenige gewusst, was angedeutet wurde durch die esoterische Legende, von der ich Ihnen gesprochen habe. Sie haben gewusst: Die Kräfte, die aufsteigen aus der Erde durch den Boden der irischen Insel, diese Kräfte wirken so auf die Menschen, dass der Mensch dadurch wenig beeinflusst wird nach der Richtung der Intellektualität hin, wenig nach der Richtung des Egoismus, wenig nach der Richtung der Entschlussfähigkeit. Das haben diese Eingeweihten, die jene Kolonisten dahin geschickt haben, sehr gut gewusst, und sie haben Leute ausgewählt, welche durch ihre besonderen karmischen Anlagen geeignet erschienen, gerade den Einflüssen der Insel Irland ausgesetzt zu werden. Heute gibt es noch immer in Irland Nachkommen jener alten Bevölkerung, die dazumal von Kleinasien hinüber verpflanzt worden ist, und die sich entwickeln sollte so, dass nicht die kleinste Intellektualität, nicht der kleinste Verstand, nicht die Entschlussfähigkeit, dagegen gewisse besondere Eigenschaften des Gemütes hervorragend sich entwickeln sollten.

Dadurch ist von langer Hand her vorbereitet gewesen das, was dann als die friedliche Ausbreitung des Christentums in Irland Platz gegriffen hat und jene gloriose Entwicklung des Christentums in Irland, von der dann ausgestrahlt ist die Christianisierung Europas. Von langer Hand her ist das vorbereitet gewesen. Die Landsleute des späteren Thales haben Leute dorthin geschickt, welche sich dann geeignet erwiesen, solche Mönche zu werden, die in der Weise, wie ich es angedeutet habe, wirken konnten. Solche Dinge hat man überhaupt viele gemacht in älteren Zeiten, und wenn Sie in der äußeren exoterischen Geschichte heute von unverständigen Historikern – die aber viel Verstand haben können selbstverständlich, denn der Verstand ist ja heute auf der Straße zu finden –, wenn Sie heute von solchen Historikern Kolonisationen der Alten dargestellt finden, so müssen Sie immer sich klar sein: In solchen Kolonisationen lag eine tiefgehende Weisheit; die wurden gelenkt und geleitet, indem man überall Rücksicht nahm auf dasjenige, was in der Zukunft stattfinden sollte, indem man in jener Zeit rechnete mit den Eigentümlichkeiten der Erdenentwicklung.

Das war eine andere Art, spirituelle Weisheit in die Welt zu setzen. Das dürfte heute derjenige, der den rechten Pfad geht, so nicht machen; er dürfte nicht einfach den Leuten gegen ihren Willen, um die Erde einzuteilen, etwas vorschreiben, sondern er hat so zu wirken, dass er den Leuten die Wahrheiten sagt, und sie sollen sich selber darnach richten.

Sie sehen also damit angedeutet einen wesentlichen Fortschritt vom dritten, vierten zum fünften nachatlantischen Zeitraum. Solch eine Sache muss man sehr gut ins Auge fassen. Und erkennen muss man, wie dieser Impuls der Freiheit sich hindurchziehen muss durch all dasjenige, was den fünften nachatlantischen Zeitraum beherrscht. Denn gerade gegen diese Freiheit des menschlichen Gemütes lehnt sich auf jener Widersacher, von dem ich Ihnen gesagt habe, dass er wie ein Doppelgänger den Menschen von einiger Zeit vor der Geburt bis zum Tode hin begleitet, aber bei dem Tode, vor dem Tode den Menschen verlassen muss. Wenn man unter diesem Einflusse steht, der unmittelbar mit dem Doppelgänger wirkt, dann kommt allerlei heraus, das schon in diesem fünften nachatlantischen Zeitraum herauskommen kann, aber nicht für diesen fünften nachatlantischen Zeitraum so geeignet ist, dass es ihm die Möglichkeit gibt, seine Aufgabe so zu erreichen, dass im Kampf mit dem Bösen die Umwandlung des Bösen in das Gute bis zu einem gewissen Grade sich vollzieht.

Denken Sie, was also eigentlich hinter all den Dingen steht, in welche der Mensch des fünften nachatlantischen Zeitraums hineingestellt ist. Die einzelnen Tatsachen müssen in der richtigen Weise beleuchtet werden; sie müssen verstanden werden. Denn da, wo stark der Doppelgänger wirkt, von dem ich gestern gesprochen habe, da wirkt man auch der eigentlichen Tendenz des fünften nachatlantischen Zeitraums entgegen. Es ist nur in diesem fünften nachatlantischen Zeitraum die Menschheit noch nicht so weit, die Tatsachen richtig zu taxieren; insbesondere seit diesen letzten drei traurigen Jahren ist die Menschheit gar nicht geeignet, die Tatsachen irgendwie in der richtigen Weise zu taxieren.

Aber nehmen Sie eine scheinbar von dem, was ich heute auseinandergesetzt habe, sehr weit abliegende Tatsache. Die Tatsache, die ich Ihnen vorführen will, ist diese: In einem großen Eisenwerke sollten Zehntausende von Tonnen Gusseisen verladen werden in Eisenbahnzüge. Dazu wurde selbstverständlich eine bestimmte Anzahl von Arbeitern angestellt. Fünfundsiebzig Mann sollten an die Arbeit gehen, und es stellte sich heraus, dass jeder zwölfeinhalb Tonnen am Tage verladen konnte; also von fünfundsiebzig Mann je zwölfeinhalb Tonnen am Tage.

Ein Mann, der mehr auf den Doppelgänger gab als auf dasjenige, was im Sinne des Fortschrittes der Menschheit für das menschliche Gemüt im fünften nachatlantischen Zeitraum erobert werden muss, ein solcher Mann ist Taylor.[35] Dieser Mann fragte zunächst

35 Frederick Winslow Taylor, 1856–1915, amerikanischer Ingenieur. Urheber der Zeitstudien in Industriebetrieben, Begründer

die Fabrikanten, ob sie nicht glaubten, dass ein einzelner Mann viel mehr verladen könne als zwölfeinhalb Tonnen am Tag? Die Fabrikanten meinten, dass ein Arbeiter höchstens achtzehn Tonnen verladen könnte. Da sagte Taylor: Dann machen wir Experimente; wir wollen einmal experimentieren.

Taylor ging daran, mit den Menschen zu experimentieren. Das Maschinenmäßige wird dadurch in das menschliche soziale Leben übertragen. Es sollte mit den Menschen experimentiert werden! Er probierte, ob das wirklich so wäre, wie die praktischsten Fabrikanten sagten, dass ein Mann nur höchstens achtzehn Tonnen am Tag verladen kann. Er richtete Pausen ein, die er nach der Physiologie so berechnete, dass die Menschen in diesen Pausen gerade so viel Kräfte wiederum sammelten, als sie vorher ausgegeben hatten. Es stellte sich natürlich heraus, dass es unter Umständen beim einen so, beim andern so war. Da nahm er – Sie wissen, im Mechanismus kommt dabei nichts darauf an, da nimmt man das arithmetische Mittel, beim Menschen kann man nicht das arithmetische Mittel nehmen, weil jeder Mensch seine Berechtigung zum Dasein hat –, aber Taylor nahm arithmetische Mittel, das heißt, er wählte diejenigen Arbeiter heraus, welche in ihrer Gesamtheit rationelle Pausen abwarfen, und diese rationellen Pausen gestattete er ihnen. Die andern, die nicht in diesen Pausen ihre Kräfte wiederherstellen konnten, wurden einfach herausgeworfen. Da stellte sich denn heraus, wenn man in dieser Weise experimentierte mit den Menschen, dass die Ausgewählten, die durch Selektion Ausgewählten, wenn sie in den Pausen sich wieder

der wissenschaftlichen Betriebsführung (Taylor-System). *The Principles of Scientific Management*, 1912; deutsch: *Die Grundsätze wissenschaftlicher Betriebsführung*, München und Berlin 1913.

vollständig erholten, jeder siebenundvierzigeinhalb Tonnen verladen könne.

Sie haben den Mechanismus der Darwinschen Theorie auf das Arbeiterleben angewendet: die Unpassenden weg, die Passenden durch Selektion ausgewählt. Die Passenden sind diejenigen, die mit entsprechender Ausnützung der Pausen, nicht, wie man früher angenommen hat, als Maximum achtzehn Tonnen, sondern siebenundvierzigeinhalb Tonnen verladen können. Dadurch können aber auch die Arbeiter zufriedengestellt werden; denn man erspart ungeheuer viel dabei, und man konnte dadurch den Lohn jener Arbeiter um sechzig Prozent erhöhen. Also man macht die Ausgewählten, die im Kampfe ums Dasein Passendsten, die man auf diese Weise herausgewählt hat durch Selektion, außerdem zu sehr zufriedenen Leuten. Aber – die Unpassenden mögen verhungern!

Das ist der Anfang eines Prinzips! Solche Sachen beachtet man wenig, weil man sie nicht von großen Gesichtspunkten aus beleuchtet. Man muss sie aber von großen Gesichtspunkten aus beleuchten. Heute ist es noch ein bloßes Anwenden irrtümlicher naturwissenschaftlicher Vorstellungen auf das Menschenleben. Der Impuls bleibt. Und dann wird der Impuls angewendet auf diejenigen Dinge, die im Verlauf des fünften nachatlantischen Zeitraums als okkulte Wahrheiten kommen. Der Darwinismus enthält keine okkulten Wahrheiten; seine Anwendung würde aber schon zu großen Scheußlichkeiten führen: die Anwendung der darwinistischen Anschauung in Bezug auf das unmittelbare Experimentieren mit Menschen. Wenn aber dazu okkulte Wahrheiten wirklich kommen, wie sie enthüllt werden müssen im Verlauf des fünften nachatlantischen Zeitraums, dann würde man eine ungeheure Macht über

Menschen auf diese Weise gewinnen, allerdings nur dadurch, dass man die Passendsten immer auswählt. Aber man würde nicht nur die Passendsten auswählen, sondern man würde dadurch, dass man anstrebt eine gewisse okkulte Erfindung, um die Passenden immer passender und passender zu machen – dadurch würde man zu einer ungeheuren Machtausnützung kommen, die gerade entgegengesetzt wirken würde der guten Tendenz des fünften nachatlantischen Zeitraums.

Solche Zusammenhänge, wie ich sie Ihnen jetzt dargestellt habe, wollte ich nur anführen, um Ihnen zu zeigen, wie sich die Anfänge zukunftsumspannender Intentionen ausnehmen und wie man diese Dinge beleuchten muss von gewissen höheren Gesichtspunkten aus. Es wird nun unsere weitere Aufgabe sein, das nächste Mal hinzuweisen auf die drei bis vier großen Wahrheiten, zu denen der fünfte nachatlantische Zeitraum kommen muss. Es wird daran gezeigt werden, wie diese Wahrheiten missbraucht werden können, wenn sie nicht im Sinne der richtigen guten Tendenz des fünften nachatlantischen Zeitraums angewendet werden, sondern wenn vorzugsweise die Bedingungen des Doppelgängers erfüllt würden, die vertreten werden durch diejenigen Brüderschaften, die an die Stelle des Christus ein anderes Wesen setzen wollen.

Noch einmal will ich darauf hinweisen, dass der Menschheit bevorsteht in diesem fünften nachatlantischen Zeitraum, hineinzukommen in eine besondere Behandlung großer Lebensfragen, die in einer gewissen Weise verdunkelt gewesen sind durch die Weisheit der bisherigen Zeit. Ich habe schon auf sie hingewiesen. Die eine große Lebensfrage kann damit bezeichnet werden, dass man sagt: Es soll versucht werden, das Geistig-Ätherische in den Dienst des äußeren praktischen Lebens zu stellen. – Ich habe Sie aufmerksam darauf gemacht, dass der fünfte nachatlantische Zeitraum das Problem wird lösen müssen, wie menschliche Stimmungen, die Bewegung menschlicher Stimmungen sich in Wellenbewegung auf Maschinen übertragen lassen, wie der Mensch in Zusammenhang gebracht werden muss mit dem, was immer mechanischer und mechanischer werden muss.[36] Ich habe deshalb heute vor acht Tagen hier darauf aufmerksam gemacht, in welcher äußerlichen Weise von einem gewissen Teil unserer Erdoberfläche diese Mechanisierung genommen wird. Ich habe Ihnen ein Beispiel vorgeführt, wie aus amerikanischer Denkweise heraus versucht wird, das Maschinelle über das Menschenleben selber auszudehnen. Ich habe dieses Beispiel angeführt von den Pausen, die man ausnützen will, so dass, statt viel weniger Tonnen, bis gegen fünfzig Tonnen verladen werden können von einer Anzahl Arbeitern: Man braucht nur das Darwinsche Selektionsprinzip wirklich ins Leben einzuführen.

An solchen Stellen ist der Wille dazu vorhanden, die Menschenkraft zusammenzuspannen mit Maschinen-

36 Siehe die Vorträge vom 12. November 1916 in GA 172 und vom 18. Dezember 1916 in GA 173. Vgl. ferner den Vortrag vom 1. Dezember 1918 in GA 186. – Vgl. auch Rudolf Steiners Ausführungen über John Worrell Keely und den von ihm erfundenen Motor, z. B. im Vortrag vom 20. Juni 1916 in GA 169. Diesem sog. Keely-Motor hat auch H. P. Blavatsky ein Kapitel in ihrer *Geheimlehre* gewidmet, siehe *Die Geheimlehre. Die Vereinigung von Wissenschaft, Religion und Philosophie* (Orig.: *Secret Doctrine. The Synthesis of Science, Religion and Philosophy*), 3 Bände, 1887–1897, Bd. 1, 3. Teil, Abt. X «Die kommende Kraft».) – Siehe auch Nr. 107 der *Beiträge zur Rudolf Steiner Gesamtausgabe*, Dornach, Michaeli 1991: *Der Strader-Apparat. Modell – Skizzen – Berichte.*

kraft. Diese Dinge dürfen nicht so behandelt werden, als ob man sie bekämpfen müsste. Das ist eine ganz falsche Anschauung. Diese Dinge werden nicht ausbleiben, sie werden kommen. Es handelt sich nur darum, ob sie im weltgeschichtlichen Verlaufe von solchen Menschen in Szene gesetzt werden, die mit den großen Zielen des Erdenwerdens in selbstloser Weise vertraut sind und zum Heil der Menschen diese Dinge formen, oder ob sie in Szene gesetzt werden von jenen Menschengruppen, die nur im egoistischen oder im gruppenegoistischen Sinne diese Dinge ausnützen. Darum handelt es sich. Nicht auf das Was kommt es in diesem Falle an, das Was kommt sicher; auf das Wie kommt es an, wie man die Dinge in Angriff nimmt. Denn das Was liegt einfach im Sinne der Erdenentwicklung. Die Zusammenschmiedung des Menschenwesens mit dem maschinellen Wesen, das wird für den Rest der Erdenentwicklung ein großes, bedeutsames Problem sein.

Ich habe vollbedacht öfter jetzt darauf aufmerksam gemacht, auch in öffentlichen Vorträgen,[37] dass das Bewusstsein des Menschen zusammenhängt mit abbauenden Kräften. Zweimal habe ich es in öffentlichen Vorträgen in Basel gesagt: In unser Nervensystem hinein ersterben wir. – Diese Kräfte, diese ersterbenden Kräfte, sie werden immer mächtiger und mächtiger werden. Und es wird die Verbindung hergestellt werden zwischen den im Menschen ersterbenden Kräften, die verwandt sind mit elektrischen, magnetischen Kräften und den äußeren Maschinenkräften. Der Mensch wird gewissermaßen seine Intentionen, seine Gedanken hineinleiten können in die Maschinenkräfte. Noch unent-

37 Siehe die Vorträge vom 18. Oktober 1917 und 23. November 1917 in GA 72.

deckte Kräfte in der Menschennatur werden entdeckt werden, solche Kräfte, welche auf die äußeren elektrischen und magnetischen Kräfte wirken.

Das ist das eine Problem: das Zusammenführen des Menschen mit dem Mechanismus, das immer mehr und mehr um sich greifen muss in der Zukunft.[38] Das andere Problem liegt in demjenigen, was die geistigen Verhältnisse zu Hilfe rufen wird. Das kann aber nur gemacht werden, wenn die Zeit reif ist und wenn eine genügende Anzahl Menschen dazu in der richtigen Weise vorbereitet ist. Aber kommen muss es, dass die geistigen Kräfte mobil gemacht werden für die Beherrschung des Lebens in Bezug auf Krankheit und Tod.

Die Medizin wird vergeistigt werden, sehr, sehr vergeistigt werden. Von allen solchen Dingen werden von gewissen Seiten her Karikaturen geschaffen; aber die Karikaturen zeigen nur, was da wirklich kommen muss. Wieder handelt es sich darum, dass dieses Problem von jener Seite her, auf die ich bei dem andern Problem hingewiesen habe, in Angriff genommen werden soll in einer äußeren egoistischen oder gruppenegoistischen Weise.

Das dritte ist: die Menschengedanken einzuführen in das Werden des Menschengeschlechtes selber in Geburt und Erzeugung. Ich habe darauf hingewiesen, wie ja auch schon darüber Kongresse gehalten worden sind, wie man sogar eine materialistische Ausgestaltung der Wissenschaft von der Zeugung und von der Zusammenspannung von Mann und Weib in der

38 Die hier angeführten drei Probleme benennt Rudolf Steiner im Vortrag vom 1. Dezember 1918 in GA 186 mit den Ausdrücken *mechanischer Okkultismus, hygienischer Okkultismus* und *eugenetischer Okkultismus.* Im Vortrag vom 9. Oktober 1918, «Was tut der Engel in unserem Astralleib», in GA 182 werden diese drei Probleme als Abirrungen von den drei Idealen der Freiheit, der Gleichheit und der Brüderlichkeit beschrieben.

Zukunft begründen will. Diese Dinge alle weisen uns hin auf Bedeutsamstes, das im Werden begriffen ist. Billig ist es heute noch, zu sagen: Wie kommt es, dass diejenigen, die im richtigen Sinne von diesen Dingen wissen, sie nicht anwenden? Man wird sich zukünftig schon überzeugen, was es mit dieser Anwendung für eine Bewandtnis hat und welche hindernden Kräfte gegenwärtig noch am Werke sind, um zum Beispiel in ausgiebigerem Maße eine spiritualisierte Medizin zu begründen oder eine spiritualisierte Volkswirtschaft. Heute kann nicht mehr geleistet werden, als dass von diesen Dingen geredet wird, bis die Menschen sie genügend verstanden haben werden, jene Menschen, die geneigt sind, sie in selbstlosem Sinne aufzunehmen. Das glauben heute viele schon, dass sie das können; allein das zu können, verhindern eben heute noch viele Lebensfaktoren, die nur in der richtigen Weise überwunden werden können, wenn zunächst ein immer tieferes und tieferes Verständnis Platz greift, und wenn gerade verzichtet wird, eine Zeitlang wenigstens, auf die unmittelbar praktische Anwendung in größerem Maße.

Diese Dinge haben sich alle so entwickelt, dass man sagen kann: Von dem, was eigentlich bis in das 14., 15. Jahrhundert herein gesteckt hat hinter der alten atavistischen Bestrebung, hat sich wenig erhalten. Man spricht heute viel von alter Alchimie; man erinnert sich auch zuweilen an den Vorgang der Homunkulus-Erzeugung und so weiter. Was darüber gesprochen wird, ist zumeist unzutreffend. Wird man einmal dasjenige verstehen, was in Anlehnung an die Homunkulus-Szene bei Goethe gesagt werden kann, so wird man über diese Dinge besser belehrt sein; denn das Wesentliche ist, dass vom 16. Jahrhundert an über diese Dinge Nebel verbreitet worden sind; sie sind im Menschheitsbewusstsein zurückgetreten.

Das Gesetz, das in diesen Dingen waltet, ist durchaus dasselbe Gesetz, welches beim Menschen auch bestimmt den rhythmischen Wechsel von Wachen und Schlafen. Sowenig sich der Mensch über den Schlaf hinwegsetzen kann, sowenig konnte sich die Menschheit in Bezug auf das spirituelle Werden jenem Verschlafen der spirituellen Wissenschaft verschließen, welches die Jahrhunderte seit dem 16. Jahrhundert auszeichnet. Es musste einmal die Menschheit verschlafen das Spirituelle, damit es wieder auftreten kann in anderer Form. Solche Notwendigkeiten muss man eben einsehen. Aber man muss sich von ihnen auch nicht niederdrücken lassen. Man muss deshalb doch sich klar sein darüber, dass nun die Zeit des Erwachens gekommen ist und dass man an dem Erwachen mitzutun hat, dass die Ereignisse dem Wissen vielfach voraneilen und dass man die Ereignisse, die um uns herum geschehen, nicht verstehen wird, wenn man nicht zum Wissen sich bequemen will.

Ich habe Sie nun wiederholt darauf hingewiesen, dass gewisse Gruppen von egoistisch okkult Strebenden am Werke sind, welche eben in der Richtung wirken, die ich ja in diesen Betrachtungen wiederholt angedeutet habe. Zunächst war notwendig, dass ein gewisses Wissen innerhalb der Menschheit zurücktrat – ein Wissen, das heute bezeichnet wird mit den unverstandenen Worten wie Alchimie, Astrologie und so weiter –, dass ein gewisses Wissen zurücktrat, verschlafen wurde, damit der Mensch nicht mehr die Möglichkeit habe, Seelisches herauszuziehen aus der Naturbetrachtung, damit er mehr auf sich selber hingewiesen werde. Und damit er die Kräfte in seinem Innern erweckte, dazu war notwendig, dass zunächst gewisse Dinge in abstrakter Form zutage traten, die wieder konkrete geistige Gestalt annehmen müssen.

Drei Ideen haben sich allmählich herausgebildet im Laufe des Werdens der letzten Jahrhunderte, die eigentlich so, wie sie unter die Menschen getreten sind, abstrakte Ideen sind. Kant hat sie falsch benannt, Goethe hat sie richtig benannt.[39] Diese drei Ideen, Kant hat sie genannt: Gott, Freiheit und Unsterblichkeit; Goethe hat sie richtig genannt: Gott, Tugend und Unsterblichkeit.

Wenn man auf die Dinge sieht, welche hinter diesen drei Worten stecken, so sind es durchaus dieselben, die der heutige Mensch mehr abstrakt ins Auge fasst und die bis ins 14., 15. Jahrhundert mehr konkret, aber im alten atavistischen Sinne auch mehr materiell gemeint waren. Man experimentierte in der alten Art; man versuchte ja dazumal im alchimistischen Experiment solche Vorgänge zu beobachten, welche das Wirken Gottes im Vorgang zeigten. Man versuchte, den Stein der Weisen zu erzeugen.

Hinter all diesen Dingen steckt etwas Konkretes. Dieser Stein der Weisen sollte den Menschen in die

---

39 Kant in: *Kritik der praktischen Vernunft*, 1788, 1. Teil, 2. Buch, 2. Hauptstück, Kap. VIII: «Vom Fürwahrhalten aus einem Bedürfnisse der reinen Vernunft», S. 256 f.; Reclam 1945, S. 196, wörtlich: «Dagegen ist ein Bedürfnis der reinen praktischen Vernunft, auf einer Pflicht gegründet, etwas (das höchste Gut) zum Gegenstande meines Willens zu machen, um es nach allen meinen Kräften zu befördern; wobei ich aber die Möglichkeit desselben, mithin auch die Bedingungen dazu, nämlich Gott, Freiheit und Unsterblichkeit, voraussetzen muss, weil ich diese durch meine spekulative Vernunft nicht beweisen, obgleich auch nicht widerlegen kann.» – Goethe in seinen Tagebüchern, Sept. 1807, 7. Abschn., wörtlich: «Es kommt darauf an, dass der Mensch immerfort an seine drey idealen Forderungen: Gott, Unsterblichkeit, Tugend erinnert und sie ihm möglichst garantirt werden.»

Möglichkeit versetzen, tugendhaft zu werden, aber es war mehr materiell gedacht. Er sollte den Menschen auch dazu führen, Unsterblichkeit zu erleben, sich in eine gewisse Beziehung zu setzen zum Weltenall, auf dass er in sich erlebe, was über Geburt und Tod hinausgeht. All die verwaschenen Ideen, mit denen man heute diese alten Dinge zu begreifen sucht, decken sich nicht mehr mit dem, was damals gewollt war. Die Dinge sind eben abstrakt geworden, und die moderne Menschheit hat von abstrakten Ideen gesprochen. Gott hat sie verstehen wollen durch die abstrakte Theologie; Tugend auch als etwas nur Abstraktes. Je abstrakter, desto lieber ist es der modernen Menschheit, von diesen Dingen zu sprechen; ebenso Unsterblichkeit. Man spekulierte über das, was im Menschen unsterblich sein könne. Ich habe im ersten Basler Vortrag[40] davon gesprochen, dass diejenige Wissenschaft, die sich als philosophische heute mit solchen Fragen wie die der Unsterblichkeit befasst, eine verhungerte Wissenschaft ist, eine unterernährte Wissenschaft. Das ist nur eine andere Form des Ausdrucks für die Abstraktheit, in der solche Sachen angestrebt werden.

Aber in gewissen Brüderschaften des Westens hat man sich noch den Zusammenhang gewahrt mit den alten Überlieferungen und versucht, ihn in der entsprechenden Weise anzuwenden, ihn in den Dienst eines gewissen Gruppenegoismus zu stellen. Es ist schon notwendig, einmal auf diese Dinge hinzuweisen. Natürlich, wenn von dieser Ecke des Westens her in der öffentlichen exoterischen Literatur davon gesprochen wird, dann wird auch von Gott, Tugend oder Freiheit und Unsterblichkeit im abstrakten Sinne geredet. Allein in

40 Siehe Anmerkung 37, S135.

den Eingeweihtenkreisen weiß man, dass das alles nur Spekulation ist, dass dies alles Abstraktionen sind. Für sich selber sucht man dasjenige, was mit den abstrakten Formeln Gott, Tugend und Unsterblichkeit angestrebt wird, in etwas viel Konkreterem. Und daher übersetzt man in den entsprechenden Schulen diese Worte für die Eingeweihten. Gott übersetzt man mit Gold und sucht hinter das Geheimnis zu kommen, welches man bezeichnen kann als das Geheimnis des Goldes. Denn Gold, der Repräsentant des Sonnenhaften innerhalb der Erdenkruste selber, Gold ist in der Tat etwas, was ein bedeutsames Geheimnis in sich einschließt. Gold steht materiell in der Tat in einem solchen Verhältnis zu den andern Stoffen, wie in den Gedanken der Gedanke von Gott zu den andern Gedanken steht. Es handelt sich nur darum, wie dieses Geheimnis aufgefasst wird.

Und zusammen hängt das mit der gruppenegoistischen Ausnützung des Mysteriums der Geburt. Man strebt darnach, hier wirkliches kosmisches Verständnis zu erringen. Dieses kosmische Verständnis hat ja der Mensch der neueren Zeit ganz und gar durch ein tellurisches Verständnis ersetzt. Wenn der Mensch heute untersuchen will, wie sich zum Beispiel der Lebenskeim der Tiere oder Menschen entwickelt, dann untersucht er mit dem Mikroskop dasjenige, was gerade an dem Orte der Erde vorhanden ist, auf den er seinen mikroskopierenden Blick richtet; das betrachtet er als das, was man untersuchen soll. Aber es kann sich nicht darum handeln. Man wird dahinterkommen – und gewisse Kreise sind nahe daran, dahinterzukommen –, dass was als Kräfte wirkt, nicht in dem darinnen steckt, worauf man den mikroskopierenden Blick richtet, sondern dass dies vom Kosmos hereinkommt, von der Konstellation im Kosmos. Wenn ein Lebenskeim entsteht, so entsteht er dadurch, dass in das Lebewesen, in welchem der Lebenskeim sich ausbildet, Kräfte von allen Seiten des Kosmos her wirken, kosmische Kräfte. Und wenn eine Befruchtung geschieht, handelt es sich bei dem, was aus der Befruchtung wird, darum, welche kosmischen Kräfte bei der Befruchtung tätig sind.

Eines wird man einsehen, was man heute noch nicht einsieht. Heute denkt man, da ist irgendein Lebewesen, sagen wir ein Huhn. Wenn in diesem Lebewesen ein neuer Lebenskeim entsteht, so untersucht gewissermaßen der Biologe, wie gleichsam aus diesem Huhn das Ei herauswächst. Die Kräfte untersucht er, die aus dem Huhn selber das Ei wachsen lassen sollen. Ein Unsinn ist dieses. Aus dem Huhn wächst gar nicht das Ei heraus, das Huhn ist nur die Unterlage; aus dem Kosmos herein wirken die Kräfte, die auf dem Boden, der im Huhn bereitet ist, das Ei erzeugen. Was der mikroskopierende Biologe heute unter seinem Mikroskop sieht, davon glaubt er, dass da, wo sein mikroskopisches Feld ist, auch die Kräfte sind, auf die es ankommt. Was er da sieht, hängt aber von den Sternenkräften ab, die in einem Punkte in einer gewissen Konstellation zusammenwirken. Und wenn man hier das Kosmische entdeckt, wird man erst die Wahrheit, die Wirklichkeit entdecken: Das Weltenall ist es, das in das Huhn hinein das Ei zaubert.

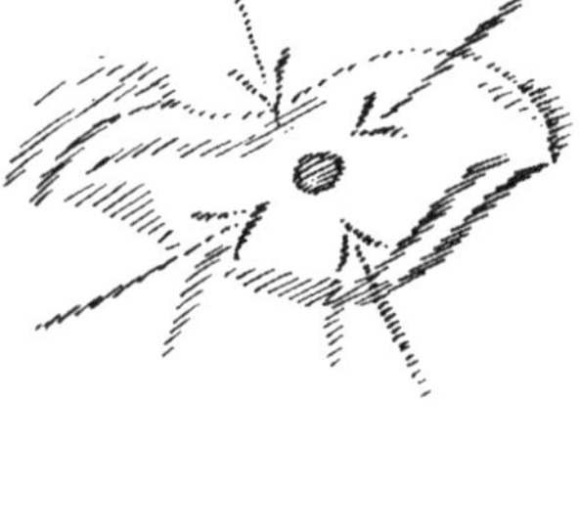

All dieses hängt aber vor allen Dingen zusammen mit dem Geheimnis der Sonne, und irdisch betrachtet mit dem Geheimnis des Goldes. Ich mache heute, ich möchte sagen, eine Art programmatischer Andeutung; im Laufe der Zeit werden uns diese Dinge schon viel klarer werden.

Tugend nennt man in denselben Schulen, von denen da die Rede ist, nicht Tugend, sondern man nennt sie einfach Gesundheit und strebt danach, diejenigen kosmischen Konstellationen kennenzulernen, welche mit der Gesundung und Erkrankung des Menschen in einem Zusammenhang stehen. Dadurch, dass man die kosmischen Konstellationen kennenlernt, lernt man aber die einzelnen Stoffe, die in der Erdoberfläche sind, die Säfte und so weiter kennen, die wiederum mit dem Gesund- und Kranksein zusammenhängen. Immer mehr wird von einer gewissen Seite her eine mehr materielle Form der Gesundheitswissenschaft ausgebildet werden, die aber auf spiritualistischer Grundlage ruhen wird.

Und verbreitet soll werden von dieser Seite her die Auffassung, dass nicht in dem abstrakten Lernen von allerlei ethischen Prinzipien das liegt, wodurch der Mensch gut werden kann, sondern dass der Mensch gut werden kann dadurch, dass er, sagen wir, unter einer gewissen Sternkonstellation Kupfer oder unter einer andern Sternkonstellation Arsenik einnimmt. Sie können sich denken, wie von gruppenegoistisch gesinnten Menschen diese Dinge im Sinne des Machtprinzipes ausgenützt werden können! Man braucht nur dieses Wissen vorzuenthalten den andern, die dann nicht daran teilnehmen können, und man hat das beste Mittel, große Massen von Menschen zu beherrschen. Man braucht ja über diese Dinge gar nicht zu reden, sondern man braucht nur zum Beispiel irgendeine neue Leckerei aufzubringen. Dann kann man für diese neue

Leckerei, die aber in entsprechender Weise tingiert ist, die Absatzströmungen suchen, und man kann das Nötige veranlassen, wenn man diese Dinge materialistisch auffasst. Man muss sich nur klar sein darüber, dass in allem Materiellen geistige Wirksamkeiten stecken. Nur derjenige, der da weiß, dass es eigentlich im wahren Sinn gar nichts Materielles gibt, sondern nur Geistiges, der kommt hinter die Geheimnisse des Lebens.

Ebenso handelt es sich darum, von dieser Seite das Problem der Unsterblichkeit in materialistisches Fahrwasser zu bringen. Dieses Problem der Unsterblichkeit kann auf ebensolche Weise, durch Ausnützung der kosmischen Konstellation, in materialistisches Fahrwasser gebracht werden. Dann erreicht man zwar nicht das, was vielfach unter Unsterblichkeit erspekuliert wird, aber man erreicht eine andere Unsterblichkeit: Man hat irgendeine Bruderloge – man bereitet sich vor, solange es noch nicht geht, auf den physischen Leib einzuwirken, um dadurch das Leben künstlich zu verlängern –, man bereitet sich vor, mit seiner Seele solche Dinge durchzumachen, die einen befähigen, auch nach dem Tode in der Bruderloge drinnen zu sein, dort mitzuhelfen mit den Kräften, die einem dann zur Verfügung stehen. Unsterblichkeit wird in diesen Kreisen daher einfach Lebensverlängerung genannt.

Von all diesen Dingen sehen Sie ja äußere Zeichen. Ich weiß nicht, ob einige unter Ihnen das Buch bemerkt haben, das eine Zeitlang etwas Aufsehen erregt hat, das auch vom Westen herübergekommen ist und den Titel führt *Der Unfug des Sterbens*.[41] Diese Dinge laufen alle

41 *Der Unfug des Sterbens.* Ausgewählte Essays von Prentice Mulford, aus dem Englischen übersetzt und bearbeitet von Sir Galahad (Pseud. für Bertha Eckstein-Diener), München o. J. (1909).

in jener Richtung. Sie sind erst am Anfange, denn dasjenige, was weiter ist als der Anfang, das wird heute noch sehr für den Gruppenegoismus bewahrt, sehr esoterisch gehalten. Aber diese Dinge sind tatsächlich möglich, wenn man sie ins materialistische Fahrwasser bringt, wenn man die abstrakten Ideen von Gott, Tugend und Unsterblichkeit zu den konkreten Ideen macht von Gold, Gesundheit und Lebensverlängerung, wenn man im gruppenegoistischen Sinne das ausnützt, was ich als die großen Probleme der fünften nachatlantischen Zeit Ihnen vorgeführt habe. Dasjenige, was verwaschen der Professor Dr. theol., Dr. phil. «kosmisches Gefühl» nennt, das wird von vielen schon – und leider auch von vielen im egoistischen Sinne – als kosmische Erkenntnis an den Menschen herangebracht. Während die Wissenschaft durch Jahrhunderte hindurch nur auf das, was auf der Erde nebeneinander wirkt, geschaut hat, sich entäußert hat alles Aufblickens zu dem, was als das Wichtigste im Geschehen von Außerirdischem, Außertellurischem herankommt, wird gerade in der fünften nachatlantischen Zeit das Ausnützen der Kräfte in Betracht kommen, die aus dem Kosmos hereindringen. Und ebenso wie es jetzt für den regulären Professor der Biologie von besonderer Wichtigkeit ist, ein möglichst gut vergrößerndes Mikroskop zu haben, möglichst treffende Laboratoriumsmethoden und so weiter, so wird es in der Zukunft, wenn die Wissenschaft sich spiritualisiert haben wird, sich darum handeln, ob man gewisse Prozesse am Morgen oder am Abend vollführt oder am Mittag; ob man das, was man am Morgen gemacht hat, von dem Einwirken des Abends irgendwie weiter beeinflussen lässt, oder den kosmischen Einfluss vom Morgen bis zum Abend ausschließt, paralysiert. Solche Prozesse werden sich in der Zukunft notwendig erweisen, werden sich auch abspielen. Natürlich wird noch manches Wasser den Rhein hinabrinnen, bis ausgeliefert werden an Geisteswissenschafter die rein materialistisch gearteten Katheder und Laboratorien und so weiter; aber ersetzt müssen sie werden, wenn die Menschheit nicht ganz in die Dekadenz kommen will, ersetzt müssen sie werden, diese Laboratorienarbeiten, durch solche Arbeiten, welche zum Beispiel, wenn es sich handelt um das Gute, das erreicht werden soll in der nächsten Zeit, so vollzogen werden, dass gewisse Prozesse am Morgen stattfinden, unterbrochen werden den Tag über, und dass dann der kosmische Strom durch sie wiederum durchgeht am Abend, und rhythmisch das aufbewahrt wird wiederum bis zum Morgen. So dass die Prozesse in der Art verlaufen, dass immer unterbrochen werden gewisse kosmische Wirkungen während des Tages und der kosmische Morgen- und Abendprozess hereingeleitet wird. Dazu werden mannigfaltige Veranstaltungen nötig sein.

Sie können daraus schon entnehmen, dass, wenn man nicht in der Lage ist, öffentlich mitzuwirken an dem, was geschieht, man über diese Dinge nur sprechen kann. Aber von derselben Seite her, die Gold, Gesundheit und Lebensverlängerung an die Stelle von Gott, Tugend und Unsterblichkeit setzen will, von derselben Seite her wird angestrebt, nicht mit den Morgen- und Abendprozessen zu wirken, sondern mit ganz andern. Und ich habe Sie das letzte Mal darauf aufmerksam gemacht, dass auf der einen Seite der Impuls des Mysteriums von Golgatha aus der Welt entfernt werden soll, indem man vom Westen her den andern Impuls, eine Art Antichrist, einführt; dass von Osten her der Christus-Impuls so, wie er im 20. Jahrhundert hervortritt, dadurch paralysiert werden soll, dass man die Aufmerksamkeit, das Interesse gerade ablenkt von dem ätherisch kommenden Christus.

Von der Seite, wo man gewissermaßen den Antichrist wird als den Christus einführen wollen, wird angestrebt, auszunützen dasjenige, was insbesondere durch die materiellsten Kräfte wirken kann, aber durch die materiellsten Kräfte eben geistig wirkt. Vor allen Dingen wird von dieser Seite angestrebt, Elektrizität, und namentlich Erdmagnetismus auszunützen, um Wirkungen hervorzubringen über die ganze Erde hin. Ich habe Ihnen ja gezeigt, wie in dem, was ich den menschlichen Doppelgänger genannt habe, aufsteigen die Erdenkräfte. Hinter dieses Geheimnis wird man kommen. Es wird ein amerikanisches Geheimnis sein, den Erdmagnetismus in seiner Doppelheit, im Nord- und Südmagnetismus zu verwenden, um dirigierende Kräfte über die Erde hinzusenden, die geistig wirken. Sehen Sie sich die magnetische Karte der Erde an, und vergleichen Sie einmal die magnetische Karte mit dem, was ich jetzt sage: den Verlauf der magnetischen Linie, wo die Magnetnadel nach Osten und Westen ausschlägt und wo sie gar nicht ausschlägt. Ich kann über diese Dinge nicht mehr als Andeutungen zunächst geben: Von einer gewissen Himmelsrichtung her wirken fortwährend geistige Wesenheiten; man braucht nur diese geistigen Wesenheiten in den Dienst des Erdendaseins zu stellen, so wird man – weil diese geistigen, vom Kosmos hereinwirkenden Wesenheiten das Geheimnis des Erdmagnetismus vermitteln können – hinter dieses Geheimnis des Erdmagnetismus kommen und mit Bezug auf die drei Dinge Gold, Gesundheit, Lebensverlängerung sehr bedeutsames Gruppenegoistisches wirken können. Es wird sich eben darum handeln, den zweifelhaften Mut zu diesen Dingen aufzubringen. Den wird man innerhalb gewisser Kreise schon aufbringen!

Von östlicher Seite her wird es sich darum handeln, das zu verstärken, was ich schon auseinandergesetzt habe, indem man wiederum von der entgegengesetzten Seite des Kosmos die einströmenden, die einwirkenden Wesenheiten in den Dienst des Erdendaseins stellt. Ein großer Kampf wird entstehen in der Zukunft. Auf das Kosmische wird die menschliche Wissenschaft gehen; aber in verschiedener Weise wird die menschliche Wissenschaft aufs Kosmische zu gehen versuchen. Es wird die Aufgabe der guten, der heilsamen Wissenschaft sein, gewisse kosmische Kräfte zu finden, welche durch das Zusammenwirken zweier kosmischer Richtungsströmungen auf der Erde entstehen können. Diese zwei kosmischen Richtungsströmungen werden sein: Fische–Jungfrau. Vor allen Dingen wird das Geheimnis zu entdecken sein, wie dasjenige, was aus dem Kosmos in der Richtung von den Fischen her als Sonnenkraft wirkt, sich verbindet mit dem, was in der Richtung von der Jungfrau her wirkt. Das wird das Gute sein, dass man entdecken wird, wie von zwei Seiten des Kosmos her Morgen- und Abendkräfte in den Dienst der Menschheit gestellt werden können; auf der

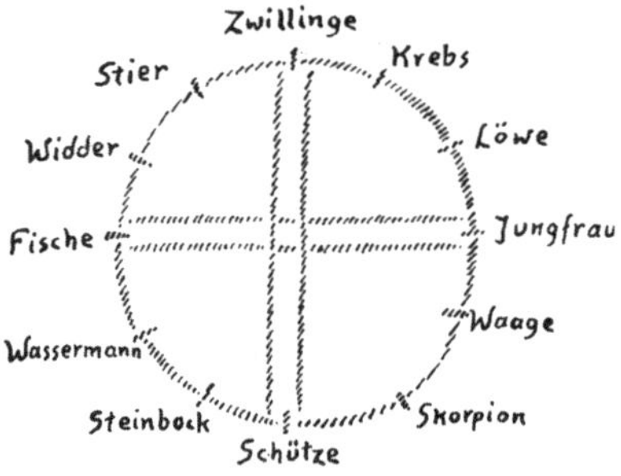

einen Seite von Seiten der Fische, auf der andern Seite von Seiten der Jungfrau her.

Um diese Kräfte wird man sich nicht kümmern da, wo man versuchen wird, alles zu erreichen durch den Dualismus der Polarität, durch positive und negative Kräfte. Die spirituellen Geheimnisse, welche auf der Erde – mit Hilfe der zwiefachen Kräfte des Magnetismus, dem positiven und negativen – Geistiges durchströmen lassen können von Kosmischem, die kommen im Weltenall aus den Zwillingen her; das sind Mittagskräfte. Schon im Altertum hat man gewusst, dass es sich da um Kosmisches handelt, und es ist ja auch heute exoterisch den Wissenschaftern bekannt, dass hinter den Zwillingen im Tierkreise in irgendeiner Weise positiver und negativer Magnetismus steckt. Da wird es sich dann darum handeln, dasjenige zu paralysieren, was durch die Offenbarung der Zweiheit aus dem Kosmos gewonnen werden soll, das zu paralysieren auf materialistisch-egoistische Weise durch die Kräfte, die insbesondere von den Zwillingen her der Menschheit zuströmen und ganz und gar in den Dienst des Doppelgängers gestellt werden können.

Bei andern Brüderschaften wiederum, die vor allen Dingen an dem Mysterium von Golgatha vorbeigehen wollen, wird es sich darum handeln, die zwiefache Menschennatur auszunutzen; diese zwiefache Menschennatur, die, so wie der Mensch in die fünfte nachatlantische Zeit hereingezogen ist, enthält auf der einen Seite den Menschen, aber in dem Menschen die niedere Tiernatur. Der Mensch ist ja gewissermaßen wirklich ein Kentaur: Er enthält die niedere Tiernatur astraliter, er enthält die Menschheit gewissermaßen nur auf diese Tiernatur aufgesetzt. Durch dieses Zusammenwirken der Zwienatur im Menschen gibt es auch einen Dualismus von Kräften. Das ist jener Dualismus von Kräften, der mehr nach der östlichen, indischen Seite hin von gewissen egoistischen Brüderschaften benutzt werden wird, um auch den europäischen Osten zu verführen, welcher die Aufgabe hat, den sechsten nachatlantischen Zeitraum vorzubereiten. Und der verwendet die Kräfte, welche vom Schützen her wirken.

Das Kosmische für die Menschheit zu erobern in zwiefach unrechter Weise oder in einfach richtiger Weise, das ist dasjenige, was der Menschheit bevorsteht. Das wird eine wirkliche Erneuerung für das Astrologische geben, das in der alten Form ein Atavistisches war und in dieser alten Form nicht fortbestehen kann. Bekämpfen werden sich die Wissenden des Kosmos, indem die einen die Morgen- und Abendprozesse in Anwendung bringen in der Weise, wie ich es schon angedeutet habe; im Westen vorzugsweise die Mittagsprozesse mit Ausschaltung der Morgen- und Abendprozesse, und im Osten die Mitternachtsprozesse. Man wird nicht mehr bloß nach den chemischen Anziehungs- und Abstoßungskräften Substanzen herstellen, sondern man wird wissen, dass eine andere Substanz entsteht, je nachdem ob man sie mit Morgen- und Abendprozessen oder mit Mittags- oder Mitternachtsprozessen herstellt. Man wird wissen, dass solche Stoffe in einer ganz andern Weise auf die Dreigliedrigkeit: Gott, Tugend und Unsterblichkeit – Gold, Gesundheit und Lebensverlängerung wirken. Aus dem Zusammenwirken dessen, was von den Fischen und von der Jungfrau kommt, wird man nichts Unrechtes zuwege bringen können; da wird man dasjenige erreichen, was zwar den Mechanismus des Lebens in einem gewissen Sinne von den Menschen loslösen wird, aber keinerlei Herrschaft und Macht einer Gruppe über die andere begründen kann. Die kosmischen Kräfte, die von dieser Seite geholt werden, die werden merkwürdige Maschinen erzeugen, aber nur solche, die dem Menschen die Arbeit abnehmen werden, weil sie selber in sich eine gewisse Intelligenzkraft tragen werden. Und eine selber auf das Kosmische gehende spirituelle Wissenschaft wird dafür zu sorgen haben, dass alle die großen Versuchungen, die von diesen Maschinentieren, die der Mensch selber hervorbringt, ausgehen werden, auf den Menschen keinen schädlichen Einfluss ausüben.

Zu alledem muss aber gesagt werden: Notwendig ist, dass die Menschen sich vorbereiten dadurch, dass sie Wirklichkeiten nicht mehr für Illusionen nehmen, dass sie wirklich eintreten in eine spirituelle Auffassung der Welt, in ein spirituelles Begreifen der Welt. Die Dinge sehen, wie sie sind, darauf kommt vieles an! Man kann sie aber nur sehen, wie sie sind, wenn man in der Lage ist, die Begriffe, die Ideen, die aus der anthroposophisch orientierten Geisteswissenschaft kommen, auf die Wirklichkeit anzuwenden. In hohem Maße werden für den Rest des Erdendaseins gerade die Toten mitwirken. *Wie* sie mitwirken, darum wird es sich handeln. Vor allen Dingen wird der große Unterschied hervortreten, dass durch das Verhalten der Menschen auf Erden die Mitwirkung der Toten auf der einen, der guten Seite, in eine solche Richtung gelenkt wird, dass diese Toten dann wirken können da, wo der Impuls zum Wirken von ihnen selber ausgeht, wo er aus der spirituellen Welt genommen wird, die der Tote post mortem erlebt.

Dagegen werden viele Bestrebungen auftreten, welche die Toten in künstlicher Weise in das menschliche Dasein hereinführen. Und auf dem Umweg durch die Zwillinge werden in das Menschenleben Tote hereingeführt werden, wodurch in einer ganz bestimmten Weise die menschlichen Vibrationen fortklingen, fortvibrieren werden in den mechanischen Verrichtungen der Maschine. Der Kosmos wird die Maschinen bewegen auf jenem Umwege, den ich eben angedeutet habe.

Dabei kommt es eben darauf an, dass man nicht Ungehöriges verwendet, wenn diese Probleme eintreten, sondern nur dasjenige verwendet, was elementare Kräfte sind, die ohnedies zur Natur gehören; dass man darauf verzichtet, ungehörige Kräfte in das maschinelle Leben einzuführen. Man wird auf okkultem Gebiete darauf verzichten müssen, den Menschen selbst in das mechanische Triebwerk auf eine solche Weise einzuspannen, dass die darwinistische Selektionstheorie für die Bestimmung der Arbeitskraft des Menschen so ausgenutzt wird, wie ich es Ihnen das letzte Mal in einem Beispiel angeführt habe.

Ich mache alle diese Andeutungen, die ja natürlich in so kurzer Zeit die Sache nicht erschöpfen können, aus dem Grunde, weil ich mir denke, dass Sie über diese Dinge weiter noch meditieren werden, dass Sie versuchen, eine Brücke zu schlagen zwischen Ihren eigenen Lebenserfahrungen und diesen Dingen, vor allem denjenigen Lebenserfahrungen, die gerade heute in dieser schweren Zeit gewonnen werden können. Sie werden sehen, wie viele Dinge sich Ihnen aufklären, wenn Sie sie mit dem Lichte betrachten, das Ihnen von solchen Ideen kommen kann. Denn wirklich, in unserer Zeit handelt es sich nicht darum, dass die Kräfte und die Kräftekonstellationen einander gegenüberstehen, von denen man im äußeren exoterischen Leben immer wieder spricht, sondern es handelt sich um ganz andere Dinge. Es handelt sich darum, dass in der Tat gegenwärtig eine Art Schleier gebreitet werden soll über die wahren Impulse, um die es sich handelt. Es sind ja durchaus gewisse Menschenkräfte daran, für sich etwas zu retten. Was denn zu retten? Gewisse Menschenkräfte sind daran, die Impulse, die bis zur Französischen Revolution berechtigte Impulse waren und von gewissen okkulten Schulen auch vertreten worden sind, jetzt in ahrimanisch-luziferischer Zurückhaltung zu vertreten; sie so zu vertreten, um eine solche gesellschaftliche Ordnung aufrechtzuerhalten, wie die Menschheit glaubt, sie überwunden zu haben seit dem Ende des 18. Jahrhunderts.

Hauptsächlich stehen die zwei Mächte einander gegenüber: die Vertreter des Prinzips, das mit dem Ende des 18. Jahrhunderts überwunden war, und die Vertreter der neuen Zeit. Instinktiv sind selbstverständlich eine große Anzahl von Menschen Vertreter der Impulse der neuen Zeit. Daher müssen diejenigen, die Vertreter der alten Impulse, noch des 18., 17., 16. Jahrhunderts sein sollen, durch künstliche Mittel eingespannt werden in die Kräfte, die von gewissen gruppenegoistisch wirkenden Brüderschaften ausgehen. Das wirksamste Prinzip in der neueren Zeit, um die Macht auszudehnen über so viel Menschen als man braucht, ist das wirtschaftliche Prinzip, das Prinzip der wirtschaftlichen Abhängigkeit. Aber diese ist nur das Werkzeug. Um was es sich handelt, das ist etwas ganz anderes. Um was es sich handelt, das ist eben, was Sie entnehmen können aus all den Andeutungen, die ich gemacht habe. Das wirtschaftliche Prinzip ist mit alldem verbunden, um eine große Anzahl von Menschen über die Erde hin gewissermaßen zum Heer für diese Prinzipien zu machen.

Das sind die Dinge, die einander gegenüberstehen. Da wird hingewiesen auf das, was eigentlich gegenwärtig in der Welt kämpft: im Westen verankertes Prinzip des 18., 17., 16. Jahrhunderts, welches sich dadurch unbemerkbar macht, dass es sich gerade umkleidet mit den Phrasen der Revolution, mit den Phrasen der Demokratie, das diese Maske annimmt und die Bestrebung hat, auf diesem Wege möglichst viel Macht zu erlangen. Günstig ist für diese Bestrebungen, wenn möglichst viele Menschen nicht darnach trachten, die Dinge anzusehen, wie sie sind, und sich auf diesem Gebiete immer wieder und wieder von der Maja einlullen zu lassen, von jener Maja, welche man etwa mit den Worten aussprechen kann, es gäbe heute einen Krieg zwischen der Entente und den Mittelmächten.

Den gibt es ja gar nicht in Wirklichkeit, sondern um ganz andere Dinge handelt es sich, die hinter dieser Maja stehen als die wahren Wirklichkeiten. Das Letztere, Kampf der Entente mit den Mittelmächten, ist ja nur die Maja, ist ja nur die Illusion. Dasjenige, was im Kampfe miteinander steht, darauf kommt man, wenn man hinter die Dinge blickt, aber sie sich in einer solchen Weise beleuchtet, wie ich es eben aus gewissen Gründen nur andeute. Man muss wenigstens für sich darnach trachten, nicht Illusionen für Wirklichkeiten zu nehmen: Dann wird schon nach und nach die Illusion, sofern sie aufgelöst werden muss, aufgelöst werden. Man muss vor allen Dingen heute sich bestreben, die Dinge so anzusehen, wie sie dem unbefangenen wirklichen Sinn sich darstellen.

NACHWORT

Nachdem der Leser die vorangehenden Texte Rudolf Steiners auf sich hat wirken lassen, werden manche Fragen entstanden sein, und vieles, was in diesen Vorträgen gesagt wurde, wird auch im Lichte der einführenden Bemerkungen des Herausgebers vielleicht noch nicht klar verständlich, vielleicht sogar beunruhigend sein.

Kommen wir daher noch einmal auf den einen Grundgedanken, der in der Einleitung bereits ausgeführt wurde, zurück. Unser seelisches Erleben, unsere Aufmerksamkeit, also Astralleib und Ich, befinden sich nicht im physischen Leib, sondern außerhalb, in der Peripherie, und unser physischer Leib dient diesem Erleben lediglich als Spiegel. Der Ätherleib vermittelt das seelische Erleben mit Hilfe der zu Denkkräften umgewandelten Lebenskräfte auf dem Wege des Liquor und der Atmung hin zum Nervensystem, zum Gehirn, das den eigentlichen Spiegel bildet. Das alles wurde in der Einleitung ja bereits gesagt. Schauen wir nun aber nochmals genauer auf das Nervensystem, in dem ja, wie Rudolf Steiner in den Vorträgen ausführt, ein ahrimanischer Doppelgänger lebt, der in der Elektrophysiologie seinen Ausdruck findet. Diese Elektrophysiologie wiederum wurde im Laufe des 20. Jahrhunderts auf Maschinen, die Computer, übertragen. Was aber bedeutet es, wenn dieser Bereich des Menschen, auf Maschinen übertragen, als «elektronischer Doppelgänger» fungiert?

Rudolf Steiner hat sich auch an anderen Stellen über unser Nervensystem geäußert, und diese Äußerungen wollen wir hier zu Hilfe nehmen:

«Dieser Nervenapparat sendet seine Ausläufer in die äußere Oberflächenzone hinein und wieder in das Innere; da verlaufen die Nerven, und zwischendrinnen sind solche Mittelzonen wie das Gehirn, namentlich das Rückenmark, auch das Bauchmark. Da ist uns Gelegenheit gegeben, so eigentlich recht wach zu sein. Wo die Nerven am meisten ausgebildet sind, da sind wir am meisten wach. Aber das Nervensystem hat zum Geiste eine eigentümliche Beziehung. Es ist ein Organsystem, das durch die Funktionen des Leibes fortwährend die Tendenz hat zu verwesen, mineralisch zu werden. Wenn Sie beim lebenden Menschen sein Nervensystem von der übrigen Drüsen-Muskel-Blutwesenheit und Knochenwesenheit loslösen könnten – das Knochensystem könnten Sie sogar beim Nervensystem dabeilassen –, so wäre das beim lebenden Menschen schon Leichnam, fortwährend Leichnam. Im Nervensystem geht fortwährend das Sterben des Menschen vor sich. Das Nervensystem ist das einzige System, welches gar keine unmittelbare Beziehung zum Geistig-Seelischen hat. Blut, Muskeln und so weiter haben immer direkte Beziehungen zum Geistig-Seelischen, das nervöse System hat unmittelbar dazu gar keine Beziehungen; es hat nur dadurch Beziehungen zum Geistig-Seelischen, dass es sich fortwährend aus der menschlichen Organisation ausschaltet, dass es nicht da ist, weil es fortwährend verwest. Die anderen Glieder leben; deshalb bilden sie direkte Beziehungen aus zum Geistig-Seelischen. Das Nervensystem stirbt fortwährend ab; es sagt fortwährend zum Menschen: Du kannst dich entwickeln, weil ich dir kein Hindernis biete, weil ich mache, dass ich gar nicht da bin mit meinem Leben! – Das ist das Eigenartige. In der Psychologie und Physiologie finden Sie dargestellt: Das vermittelnde Organ des Empfindens, des Denkens, des Geistig-Seelischen überhaupt ist das Nervensystem. Wodurch ist es aber dieses vermittelnde Organ? Nur dadurch, dass es sich fortwährend aus dem Leben herausdrückt, dass es dem Denken und Empfinden gar keine Hindernisse bietet, dass es gar keine Beziehungen zum Denken und Empfinden anstiftet, dass es den Menschen leer sein lässt in Bezug auf das Geistig-Seelische da, wo es ist. Für das Geistig-Seelische sind einfach dort, wo die Nerven sind, Hohlräume. Daher kann das Geistig-Seelische dort hinein, wo die Hohlräume sind.»

Und an einer weiteren Stelle:

«Wenn man auch jetzt etwas davon abgekommen ist, so ist es noch nicht lange her, da rechnete man ja mit elektrischen Strömungen und dergleichen. Nun hat man es aber in der Wirklichkeit zu tun – das ist eben nur Ergebnis der höheren Erkenntnis, was ich Ihnen jetzt sagen werde – bei elektrischen Strömen nicht mit etwas, was da hineinströmt, sondern man hat es in Wirklichkeit zu tun, wenn ich schematisch das andeuten darf, damit, dass wir, wenn man hier einen Draht hat, durch den eine sogenannte elektrische Strömung geht, eine Aussparung haben in der Realität.

Wenn ich die Realität – ich rede jetzt von einem Grad der Realität, das werden ja viele nicht gelten lassen –, wenn ich die Realität zum Beispiel hier mit +a bezeichnen will, so müsste ich die Realität innerhalb des Drahtes mit -a bezeichnen. Und dann haben wir da ein Hereinsaugen desjenigen, was eigentlich immer wie ein Hereinfließen angesehen wird. Und man hat es im Wesentlichen damit zu tun, dass, wenn ein elektrischer Leiter da ist, so stellt er eigentlich nicht ein Ausfüllendes, sondern einen Hohlraum im Geistigen dar. Und das führt uns dann hinüber zu der Willensnatur, die hier Dr. Stein[42] nur vorempfunden hat, die ja auch eigentlich darauf beruht, dass man es nicht zu tun hat, sagen wir, mit Nerven, die ausfüllen, sondern mit Hohlrinnen, Hohlröhren, durch die das Geistige angesaugt wird und durch die das Geistige durchgeht.»

Es handelt sich als bei unseren Nerven geistig betrachtet um Hohlräume, in denen kein organisches Leben herrscht und in denen eben deshalb unser Geistiges sich spiegeln kann.

Geistig betrachtet haben wir es also bei der Übertragung dieses Bereiches auf die Computer mit Hohlräumen zu tun, die, wie Steiner ausführt, eben eine Sogwirkung ausüben. Aber kann das menschliche Ich diese Hohlräume erfüllen?

Betrachten wir dazu noch einmal den Leib-Seele-Zusammenhang. Verbindet sich mein Ich durch die vom Denken gerichtete Aufmerksamkeit mit etwas, kann der Astralleib dieses Etwas seelisch erfüllen. Das seelische Erleben wiederum spiegelt sich am Leib mit Hilfe der vom Ätherleib zur Verfügung gestellten «freien Kräfte», die das seelisch-geistig Erlebte in die Bilder unserer Vorstellungen bringen, die dann wiederum vom Nervensystem aufgenommen werden können.

42 Walter Johannes Stein war Naturwissenschaftler, Schüler Rudolf Steiners und Lehrer an der ersten Waldorfschule. Als solcher hatte er Steiner um die naturwissenschaftliche Kurse für die Lehrer gebeten, die 1920 und 1921 in Stuttgart stattfanden.

Wenn sich dann die Aufmerksamkeit anderswo hinwendet und das seelische Erlebnis aufgehört hat, bleiben die vom Ätherleib gebildeten Vorstellungsbilder als Erinnerungen erhalten und können später wieder wach gerufen werden. So lebt das Seelisch-Geistige im Leib.[43]

Was geschieht nun am Computer? Betrachten wir zunächst den herkömmlich PC, der nicht vernetzt ist, sondern lediglich als Hilfsmittel zum Schreiben oder als Speicher für Fotos oder andere Daten dient. Hier können die Hohlräume des Computers nach wie vor als Spiegel für das vom Ich Intendierte, vom Astralleib Erlebte dienen, seien es meine Gedanken, seien es digitale Fotografien, Tabellenkalkulationen oder andere Daten.

Doch schon bei der digitalen Fotografie beginnen sich die Daten vom Ich zu lösen. Bei der analogen Fotografie war durch das verwendete Filmmaterial immer eine natürlich Grenze für die Anzahl der Aufnahmen gegeben, diese waren zusätzlich durch wirtschaftliche Faktoren beschränkt. Ein Film mit 36 Aufnahmen kostete Geld, das man nicht sinnlos verschwenden wollte. Jedes Foto hatte daher einen real-wirtschaftlichen Wert. Entwickelte man die Fotos auch noch selbst, wurde jedes Bild zu einer Kostbarkeit. Das Ich blieb quasi mit jeder Aufnahme verbunden. Das ist bei der digitalen Fotografie nicht mehr der Fall. Die Speichermöglichkeiten sind heute nahezu unbegrenzt, das Entwickeln ist

43 Dem entsprechend hat Rudolf Steiner die Stufen der höheren Erkenntnis so beschrieben, dass die sinnliche Erkenntnis, die dem physischen Leib entspricht, nur ein totes Abbild erfasst, die imaginative Erkenntnis, die den ätherischen Bildekräften entspricht, in Bildern erlebt wird, die inspirative Erkenntnis, die dem Atmen des Astralleibes entspricht, in Inspirationen, und die Wesenserkenntnis, die dem Ich entspricht, in Intuitionen.

der digitalen Bearbeitung gewichen. Zwar könnte sich das Ich auch hier mit jeder Aufnahme verbinden, tut es aber faktisch nicht. Da heute jedes Handy zugleich auch ein digitaler Fotoapparat ist, werden immer mehr Fotos gemacht, mit denen keine Aufmerksamkeit, kein Ich mehr verbunden ist.

Nun ist die Entwicklung aber noch einen Schritt weiter gegangen, indem entsprechend den Nervenzellen unseres Gehirns auch die einzelnen Computer vernetzt wurden. Werfen wir dazu noch einmal einen Blick auf unser Nervensystem. Auch hier gibt es Bereiche, die nicht vom Geistig-Seelischen erfüllt sind. Das ist der Bereich der Reflexe. Da reagiert das Nervensystem autonom, ohne dass der Mensch seelisch-geistig dabei ist. Diese blitzartigen Reflexe treten in der Welt des Internets nun ständig auf. Hier werden ständig Verbindungen und Verknüpfungen hergestellt, die nicht von menschlichem Bewusstsein erfüllt sind. Das Internet ermöglicht auf diese Weise die Entwicklung einer eigenständigen Intelligenz, die blitzschnell um die ganze Erde herum wirksam ist und nicht mehr von Menschen, sondern von Maschinen gesteuert wird. Mit Hilfe dieser Intelligenz wird zum Beispiel ein großer Teil jener E-Mails erzeugt, die als Spam bezeichnet werden, aber auch die spekulative Finanzwirtschaft wird weitgehend mit Hilfe solcher Vernetzungen und Programme abgewickelt. Andererseits wird alles, was ein Nutzer des Internets tut, gleichzeitig an irgendeiner Stelle dieses Netzes gespeichert und von solchen Programmen für zukünftige Verknüpfungen weiter verwendet.

Diese Art von anonymer Geistigkeit breitet sich durch das Internet seit rund zehn Jahren immer weiter aus. Menschliche Identität, Ich-Aufmerksamkeit, verschwindet zugunsten anonymer Schatten.

Hinzu kommen sogenannte Avatare, Scheinidentitäten, die von den Nutzern angenommen werden; immer mehr Daten, Bilder, Videos, Musikstücke werden dabei ins Netz hochgeladen und bilden eine wachsende Masse ich-loser, seelenloser Inhalte, denen aber die Elektrizität des Internets als Grundlage dient. Dass wir es hier mit einer Ent-Ichung zu tun haben, zeigt sich im Übrigen auch an der immer stärkeren Bedrohung des Urheberrechts, an der systematischen Verletzung von Persönlichkeitsrechten im Internet.

An die Stelle des Nervensystems ist die digitale Technik getreten, an die Stelle der «freien Kräfte» des Ätherleibs die Vernetzungsfähigkeit der Computer. Was aber tritt an die Stelle des Seelisch-Geistigen? Was für eine Geistigkeit erfüllt die sich immer stärker ausbreitende Anonymität des Internets? Auf was für ein Geistiges übt das Internet eine Sogwirkung aus, insofern es nicht mehr von menschlicher Aufmerksamkeit erfüllt ist?

An dieser Stelle können wir einige Äußerungen Steiners aus den vorangehenden Vorträgen nochmals heranziehen:

«Wenn diese Brüderschaften dann – was möglicherweise in ihrer verruchten Macht liegt – die Veranstaltung treffen, dass diese Seelen nach dem Tode in den Bereich der Machtsphäre ihrer Brüderschaft kommen, dann wächst dieser Brüderschaft dadurch eine ungeheure Macht zu. Also diese Materialisten sind nicht Materialisten, weil sie nicht an den Geist glauben, so töricht sind diese Eingeweihten-Materialisten nicht, die wissen ganz gut, wie es um den Geist steht; aber sie veranlassen die Seelen, bei der Materie auch nach dem Tode zu bleiben, um sich solcher Seelen zu ihrem Zwecke bedienen zu können. Also wird von solchen Brüderschaften eine Klientel geschaffen von Totenseelen, die im Bereiche der Erde verbleiben. Diese Totenseelen, die haben in sich Kräfte, die in der verschiedensten Weise gelenkt werden können, mit denen man Verschiedenes bewirken kann, wodurch man gegenüber denen, die in diese Dinge nicht eingeweiht sind, zu ganz besonderen Machtentfaltungen kommen kann.»

«In hohem Maße werden für den Rest des Erdendaseins gerade die Toten mitwirken. *Wie* sie mitwirken, darum wird es sich handeln. Vor allen Dingen wird der große Unterschied hervortreten, dass durch das Verhalten der Menschen auf Erden die Mitwirkung der Toten auf der einen, der guten Seite, in eine solche Richtung gelenkt wird, dass diese Toten dann wirken können da, wo der Impuls zum Wirken von ihnen selber ausgeht, wo er aus der spirituellen Welt genommen wird, die der Tote post mortem erlebt.

Dagegen werden viele Bestrebungen auftreten, welche die Toten in künstlicher Weise in das menschliche Dasein hereinführen. Und auf dem Umweg durch die Zwillinge[44] werden in das Menschenleben Tote hereingeführt werden, wodurch in einer ganz bestimmten Weise die menschlichen Vibrationen fortklingen, fortvibrieren werden in den mechanischen Verrichtungen der Maschine. Der Kosmos wird die Maschinen bewegen auf jenem Umwege, den ich eben angedeutet habe.»

Diese Äußerungen im Zusammenhang mit der Frage, welche Art von Geistigkeit sich in den elektronischen

44 Mit dem Tierkreiszeichen der Zwillinge verbindet Steiner hier die Qualität der Polarisierung, wie sie der dualen Logik und Funktionsweise der auf Elektrizität beruhenden Computertechnik zugrunde liegt.

Doppelgängern, insbesondere aber im Internet bewegen kann, insofern diese elektronischen Medien Kopien unseres Nervensystems und deshalb geistige Hohlräume darstellen, legen zumindest die Hypothese nahe, dass durch diese medialen Hohlräume tatsächlich die Geistigkeit solcher Seelen angezogen werden könnte, die sich nach dem Tod nicht aus dem materiellen Dasein haben lösen können.

Die in den Vorträgen von Steiner erwähnte Fixierung auf das Materielle ist in engem Zusammenhang mit dem «Sturz der Geister der Finsternis» zu sehen, den Rudolf Steiner hier immer wieder thematisiert. Wenn der Mensch sich dem nicht entgegenstellt, bewirken die «Geister der Finsternis» eine immer stärkere Fixierung auf das rein Materielle, anders ausgedrückt, auf die Spiegelbilder unseres Nervensystems, von dem die Computernetze eben ein doppelgängerartiges Abbild sind.

Nun könnte man solche Hypothesen leicht in den Bereich wilder Spekulationen verweisen, wenn es nicht doch, vor allem in den Medien selbst, versteckte Hinweise auf den hier angedeuteten Zusammenhang geben würde. Eines der bekanntesten Beispiele, nämlich *Der Herr der Ringe* von J. R. R. Tolkien, sei hier erwähnt. Tolkien setzt das Symbol des Rings in den Mittelpunkt seines Versuchs einer neuen Mythologie.[45] Der Ring ist, wie schon bei Richard Wagner, das Symbol für den Materialismus, für die immer stärkere Fixierung des Menschen auf die Materie. Und der Herr der Ringe ist niemand anderes als Ahriman, der bei Tolkien *Sauron* genannt wird. Nun hat Sauron aber starke Helfer, und auf diese kommt es in unserem Zusammenhang nun

45 Siehe dazu ausführlich das Buch des Herausgebers Der Mensch zwischen Über- und Unternatur, Stuttgart 2012.

an, das sind die *Nazgûl*, die *Ringgeister*. Was sind *Nazgûl?* Es sind Verstorbene, die sich im Erdenleben auf einen der Ringe fixiert haben, und dadurch unter den Einfluss Saurons geraten sind. Nach dem Tod werden sie nun zu seinen Sklaven und müssen zerstörerisch wirken.

Tolkien hatte solche zerstörerischen Wirkungen am eigenen Leibe miterlebt, nämlich in den entsetzlichen Materialschlachten des Ersten Weltkriegs. Das Epochenjahr 1917 war auch für Tolkien ein Wendejahr, denn damals begann er, mit seiner Mythologie gegen den Materialismus anzuschreiben.[46]

Heute aber breitet sich die zerstörerische Wirksamkeit in der Weise aus, dass sie den Zusammenhang zwischen dem Geistig-Seelischen und dem Leiblich-Physischen des Menschen derart zunichte macht, dass vor allem die Aufmerksamkeitskräfte massiv beeinträchtigt werden und somit dem Ich die Möglichkeit genommen wird, sich gesund mit dem Leib zu verbinden. An die Stelle des Leibes treten immer mehr digitale Geräte, die durch ihre Vernetzung vom Seelisch-Geistigen des Menschen losgelöst werden und dadurch anonymer Geistigkeit den Zugang eröffnen. Ohne dass sich die Nutzer dessen bewusst wären, werden die Computernetzwerke zu einer Art Schattenwelt des Geistigen.[47]

Wir wollen an dieser Stelle die Hypothesen im Hin-

46 Weil viele Menschen diese Zusammenhänge wohl unbewusst spürten, wurde Tolkien am Ende des 20. Jahrhunderts in mehreren Umfragen zum Autor des Jahrhunderts gewählt.

47 Schattenwelten, in denen verstorbene Seelen, die sich nicht aus dem Irdischen lösen können, gefangen sind, werden in zahlreichen Romanen der gegenwärtigen Kinder- und Jugendliteratur immer wieder beschrieben. Unter anderem auch in den Harry-Potter-Romanen. Siehe dazu das Buch des Herausgebers *Der Mensch zwischen Über- und Unternatur*, Stuttgart 2012.

blick auf die Wirksamkeit der digitalen Medien nicht weiter vermehren. Mit dem Voranstehenden soll nur eine Richtung gewiesen werden im Hinblick auf die Wesenhaftigkeit dessen, womit wir es bei der heutigen digitalen Vernetzung eigentlich zu tun haben.[48]

Aber auch auf einen weiteren Bereich können wir noch hinschauen. Das bisher Ausgeführte bezieht sich ja weitgehend auf unser Tagesbewusstsein und berücksichtigt nicht, was im Schlaf geschieht. Hier weist Steiner nun darauf hin, dass die Eindrücke, die wir tagsüber wach aufgenommen haben, in der Nacht dem Gedächtnis eingeprägt werden. Physiologisch vollzieht sich das dadurch, dass die freien Kräfte, die tagsüber bei der Vorstellungsbildung tätig waren, in der Nacht über den Stoffwechselorganismus die Verknüpfung von Synapsen im Gehirn anregen, die dann quasi als räumliche Strukturen den zeitlichen Verlauf des Erlebten repräsentieren. Damit verbunden sind aber nicht nur unsere bewussten Erinnerungsvorstellungen, sondern das Gedächtnis ist zu großen Teilen im Leib verankert, das heißt, es kommt in körperlichen Fähigkeiten, etwa der Handschrift, vor allem aber auch im moralischen Tun des Menschen zum Ausdruck.

48 Wie die positive Wirksamkeit Verstorbener im Zusammenhang mit dem immer enger werdenden Verhältnis zwischen Mensch und Maschine vorzustellen ist, hat Steiner im vierten Mysteriendrama, *Der Seelen Erwachen*, anhand des Verhältnisses des Eingeweihten Benedictus zu dem Erfinder und Techniker Strader dargestellt. Strader hatte kurz vor seinem Tod einen Mechanismus entwickelt, den er der Menschheit im positiven Sinne, d. h. ohne Machtansprüche, zur Verfügung stellen wollte. Nach seinem Tode versucht Ahriman, das Verhältnis des Eingeweihten Benedictus zur verstorbenen Seele Straders zu zerstören, was ihm aber dank der Aufmerksamkeit des Benedictus misslingt. Mit dieser Szene endet das letzte der vier Mysteriendramen. Vgl. dazu auch Anm. 14, S. 30.

Mit dieser umfassenden Gedächtnisbildung ist dadurch, dass sie unbewusst während des Schlafes stattfindet, aber ein Weiteres verbunden. So schildert Steiner in einem Vortrag, wie unser Gehirn aus mehreren Schichten aufgebaut ist. Lediglich in der obersten Schicht leben unsere wachen Vorstellungen, unsere Erinnerungen hingegen liegen eine Schicht darunter und sind unserem Bewusstsein nur als Vorstellungen zugänglich. Sie haben, so Steiner, eigentlich Willenscharakter, und sie entstehen jeweils parallel zu unseren bewussten Wahrnehmungen:

«So dass eigentlich unser Tagesbewusstsein im Vorstellen sitzt; aber unter dem Vorstellen, da sind gewisse Vorgänge, die uns auch nur durch das Vorstellen heraufkommen, nämlich durch die Erinnerungsvorstellungen. Unter diesem Vorstellen liegt das Vernehmen, das eigentliche Wahrnehmen, und unter diesem erst das Fühlen. So dass wir intimer an der Hauptesorganisation, an der Denkorganisation das Vorstellen und das Wahrnehmen unterscheiden können. Das haben wir dann, was wir vernommen haben, an das können wir uns dann erinnern. Aber es bleibt eigentlich schon stark unbewusst. Es kommt nur herauf ins Bewusstsein in der Erinnerung. Was da eigentlich vorgeht im Menschen, das schon erlebt der Mensch eigentlich nicht mehr. Wenn er wahrnimmt, erlebt er die Vorstellung. Die Wirkung der Wahrnehmung geht in ihn hinein. Er kann aus dieser Wirkung die Erinnerung wachrufen. Aber da beginnt schon das Unbewusste.

Nun, sehen Sie: Wo wir im wachen Tagesbewusstsein vorstellen, nur da sind wir eigentlich selbst als Mensch, da haben wir uns als Mensch. Wo wir mit unserem Bewusstsein nicht hinreichen – nicht einmal zu den Ursachen der Erinnerungen reichen wir –, da haben wir uns nicht als Mensch, da sind wir in die Welt eingegliedert. Genau wie es im physischen Leben ist: Sie atmen ein, die Luft, die Sie jetzt in sich haben, war kurz vorher draußen, war Weltenluft; jetzt ist sie Ihre Luft. Nach kurzer Zeit übergeben Sie sie wieder der Welt: Sie sind mit der Welt eins. Die Luft ist bald draußen, bald drinnen, bald draußen, bald drinnen. Sie wären nicht Mensch, wenn Sie nicht so mit der Welt verbunden wären, dass Sie nicht nur das haben, was innerhalb Ihrer Haut ist, sondern dasjenige, womit Sie zusammenhängen mit der ganzen Atmosphäre. Ebenso wie Sie nach dem Physischen zusammenhängen, so hängen Sie in Bezug auf Ihr Geistiges – in dem Augenblick, wo Sie ins nächste Unterbewusste herunterkommen, in diejenige Region, aus der die Erinnerung aufsteigt –, so hängen Sie da zusammen mit dem, was man die dritte Hierarchie nennt: Angeloi, Archangeloi, Archai. So wie Sie durch Ihr Atmen mit der Luft zusammenhängen, hängen Sie durch Ihre Hauptesorganisation, das heißt die untere Hauptesorganisation, die nur mit den äußeren Gehirnlappen bedeckt ist – die gehört einzig und allein der Erde an –, mit demjenigen, was darunter ist, mit der dritten Hierarchie zusammen, mit Angeloi, Archangeloi, Archai.»

Das heißt, dass mit unserer Gedächtnisbildung, die eben unbewusst bleibt, die Engel verbunden sind.

Schauen wir nun auf die elektronischen Doppelgänger hin, so sehen wir, dass uns diese immer größere Teile unserer Gedächtnisbildung und damit der Bildung unserer Fähigkeiten und unserer moralischen Verfassung abnehmen. Immer weniger wird dabei vom Ich bewusst wahrgenommen und erfasst, dagegen werden die Datenmengen, die wir auf Computern abspeichern oder im Internet in irgendwelchen «Accounts» und «Profilen» hinterlegen, immer größer.

Was aber folgt daraus? Wenn die Gedächtnisbildung dem elektronischen Doppelgänger überlassen wird, dann kann der Engel, kann die dritte Hierarchie daran nicht mehr mitwirken. Der elektronische Doppelgänger schneidet uns von der Mitwirkung der Engel an unserer im Schlaf stattfindenden Gedächtnisbildung ab.[49] Fehlt diese, so wirkt das aber zugleich schwächend auf unser Ich, das ja in der Gedächtnisbildung seine eigentliche Grundlage findet.[50]

Zusammenfassend können wir sagen: Der elektronische Doppelgänger übernimmt im Wesentlichen zwei Bewusstseinsprozesse: der eine spielt sich im Wachen beim Wahrnehmen, in der bewussten Verbindung von Ich und Astralleib mit den Aufmerksamkeitskräfte des Ätherleibes mit den dadurch errungenen Bewusstseinsinhalten ab. Ich und Astralleib verbinden sich in der Haltung der Aufmerksamkeit mit Ätherleib und physischem Leib und schaffen dadurch Bewusstseinsinhalte auf Grundlage der freien Bildekräfte des Ätherleibes und des Nervensystems.

Der zweite Prozess spielt sich im Schlaf ab, wobei Ich und Astralleib unbewusst bleiben. Hierbei werden

---

49 Erzieherisch hat Rudolf Steiner den beiden hier beschriebenen negativen Wirksamkeiten, am Tag und in der Nacht, durch die Waldorfpädagogik vorgebeugt. Denn sie führt am Tag das Seelisch-Geistige mit dem Leiblichen so zusammen, dass dadurch das Atmen in gesunder Weise harmonisiert wird. Und sie geht so mit den Unterrichtsinhalten um, dass diese während der Nacht im Zusammenhang mit der dritten Hierarchie dem Gedächtnis richtig eingeprägt werden können. Vgl. dazu GA 293.

50 Vgl. dazu das Buch des Herausgebers *Die Evolution von Gedächtnis und Erinnerung. Lesen in der Akasha-Chronik,* Stuttgart 2008.

die vom Astralleib erlebten Bewusstseinsinhalte dem Gedächtnis einverleibt. Der Ätherleib arbeitet unbewusst am physischen Leib, wodurch sich die Gedächtnisstrukturen bilden, ebenfalls auf Grundlage unseres Nervensystems.

Was aber meint Steiner, wenn er im Letzten der hier abgedruckten Vorträge darauf aufmerksam macht, dass es vier Prozesse gibt: Mittags- und Mitternachts-, Morgen- und Abendprozesse?

«Das Kosmische für die Menschheit zu erobern in zwiefach unrechter Weise oder in einfach richtiger Weise, das ist dasjenige, was der Menschheit bevorsteht.»

Was heißt das? Das bedeutet im Hinblick auf die Bewusstseinstechnologien, dass wir es hierbei mit Mittagsprozessen zu tun haben, die Steiner mit den Zwillingen, mit der Polarität von Elektrizität und Magnetismus, in Verbindung bringt, und mit Mitternachtsprozessen, die er mit dem Zentaur, dem Wesen des Schützen, das halb Tier, halb Mensch ist, verbindet. Die Computer ersetzen die Bewusstseinsprozesse des Wachens am Tage (Mittagsprozess) und die der Nacht (Mitternachtsprozess).

Dem kann aber begegnet werden durch das bewusste Pflegen der Prozesse des Morgens (Fische) und des Abends (Jungfrau). Das heißt, dass wir in Selbsterziehung und Erziehung den Übergang vom Schlafen zum Wachen, das bewusste Verbinden des Astralleibes mit dem Ätherleib, durch die Pflege der sinnlichen Wahrnehmungsprozesse hüten können und den Übergang vom Wachen zum Schlafen, das sich Lösen des Astralleibes, durch die bewusste Pflege der Erinnerungs- und Gedächtnisbildung.

Auf diesen beiden Säulen sind alle Übungen und Meditationen Steiners für die Selbsterziehung aufgebaut. Aber auch die Grundprinzipien der Waldorfpädagogik beruhen auf diesen beiden Prozessen. Die gesunde Verbindung des Seelisch-Geistigen mit dem Leiblich-Physischen wird vor allem dadurch gefestigt, dass wir einerseits die Aufmerksamkeitskräfte und andererseits die Gedächtniskräfte stärken. Alle Übungen, die uns Rudolf Steiner in dieser Hinsicht hinterlassen hat, in *Wie erlangt man Erkenntnisse der höheren Welten?* (GA 10), aber auch in den vor 100 Jahren gehaltenen Vorträgen über *Nervosität und Ichheit*[51], sind im Grunde genommen hygienische Übungen, die die gesunde Verbindung zwischen Seele und Leib unterstützen.

Es geht, wie Steiner auch in den hier versammelten Vorträgen deutlich gemacht hat, keinesfalls um ein Vermeiden oder Zurückweisen der Informationstechnologie, sondern um ein Durchschauen der mit ihr verbundenen Wirksamkeit und ein Überwinden der Gefahr der Ent-Ichung, der Anonymisierung und Entpersonalisierung:

«Das alles kann natürlich nicht zum Jammern oder irgend so etwas Anlass geben, sondern zu einer Stärkung der Kraft und Energie der Menschenseele nach dem Spirituellen hin. Denn wird in diesem fünften nachatlantischen Zeitraum von den Menschen dasjenige erreicht, was erreicht werden kann durch die Ein-

51 *Nervosität und Ichheit. Stressbewältigung von innen.* Ein Vortrag, München 11.Januar 1912, mit einer Einleitung von Frank Meyer, Dornach 2010. In ähnlicher Richtung gehen auch die Übungen in dem Vortrag *Die praktische Ausbildung des Denkens*, der unter diesem Titel zusammen mit zwei gleichartigen Vorträgen und einer vergleichenden Betrachtung von Walter Kugler erschienen ist, Stuttgart 2009. Zur Pädagogik vgl. Anm. 49.

verleibung der Kräfte des Bösen im guten Sinne, dann wird zu gleicher Zeit etwas Ungeheures erreicht […], in dem die Menschenseelen erkennen werden, dass sie in dem Christus den Helfer haben, um die Kräfte des Bösen in Gutes umzuwandeln. Aber eines ist mit dieser Eigentümlichkeit des fünften nachatlantischen Zeitraums verbunden, eines, das man sich jeden Tag aufs Neue in die Seele schreiben soll, das man ja nicht vergessen soll, obwohl der Mensch besonders für das Vergessen dieser Sache angelegt ist: ein Kämpfer um das Spirituelle muss der Mensch sein in dieser fünften nachatlantischen Zeit; erleben muss er, dass seine Kräfte erschlaffen, wenn er sie nicht fortwährend im Zaume hält für die Eroberung der spirituellen Welt. Im höchsten Maße ist der Mensch auf seine Freiheit gestellt in diesem fünften nachatlantischen Zeitraum! Das muss er durchmachen. Und gewissermaßen an der Idee der menschlichen Freiheit muss geprüft werden alles dasjenige, was die Menschen trifft in diesem fünften nachatlantischen Zeitraum.»

ANHANG

Quellenverzeichnis

Erwähnte und zitierte Bände der Rudolf Steiner Gesamtausgabe (GA), Rudolf Steiner Verlag, Basel (in Klammern: aktuelle Auflage):

Band

9 *Theosophie. Einführung in übersinnliche Welterkenntnis und Menschenbestimmung* (2003)

10 *Wie erlangt man Erkenntnisse der höheren Welten?* (1993)

14 *Vier Mysteriendramen* (1998)

18 *Die Rätsel der Philosophie in ihrer Geschichte als Umriss dargestellt* (1985)

26 *Anthroposophische Leitsätze* (1998)

27 *Grundlegendes für eine Erweiterung der Heilkunst nach geisteswissenschaftlichen Erkenntnissen* (zusammen mit Ita Wegman, 1991)

72 *Freiheit – Unsterblichkeit – Soziales Leben* (1990)

73 *Die Ergänzung heutiger Wissenschaften durch Anthroposophie* (1987)

118 *Das Ereignis der Christus-Erscheinung in der ätherischen Welt* (1984)

130 *Das esoterische Christentum und die geistige Führung der Menschheit* (1995)

163 *Zufall, Notwendigkeit und Vorsehung* (1986)

169 *Weltwesen und Ichheit* (1998)

171 *Innere Entwicklungsimpulse der Menschheit. Goethe und die Krisis des neunzehnten Jahrhunderts* (1984)

172 *Das Karma des Berufes des Menschen in Anknüpfung an Goethes Leben* (2002)

173 *Zeitgeschichtliche Betrachtungen* (2010)
177 *Die spirituellen Hintergründe der äußeren Welt. Der Sturz der Geister der Finsternis* (1999)
178 *Individuelle Geistwesen und ihr Wirken in der Seele des Menschen* (1992)
182 *Der Tod als Lebenswandlung* (1996)
186 *Die soziale Grundforderung unserer Zeit – In geänderter Zeitlage* (1990)
208 *Anthroposophie als Kosmosophie – Zweiter Teil* (1992)
227 *Initiations-Erkenntnis* (2000)
235 *Esoterische Betrachtungen karmischer Zusammenhänge. Erster Band* (1994)
254 *Die okkulte Bewegung im neunzehnten Jahrhundert und ihre Beziehung zur Weltkultur* (1986)
271 *Kunst und Kunsterkenntnis. Grundlagen einer neuen Ästhetik* (1985)
273 *Geisteswissenschaftliche Erläuterungen zu Goethes «Faust», Bd. II: Das Faust-Problem* (1981)
293 *Allgemeine Menschenkunde als Grundlage der Pädagogik (I)* (1992)
320 *Geisteswissenschaftliche Impulse zur Entwicklung der Physik, I. Erster naturwissenschaftlicher Kurs* (2000)

Nachweise

Seite

12 *Also der Mensch kommt recht sehr:* Vortrag St. Gallen, 16.11.1917, GA 178, S.58f.

15 *Ich habe vollbedacht:* Vortrag Dornach, 25.11. 1917, ebd., S.219.
Beim Entwurf der Maschine: John von Neumann, *Die Rechenmaschine und das Gehirn,* München 6.Aufl., 1991, S.10.

16 *Und wir schreiten:* Vortrag St. Gallen, 16.1. 1917, ebd., S.58.

20 *Diese im Ätherleibe wirksamen Kräfte:* GA 27, S.12.

23 *Auf der Berührung des Atmungsrhythmus:* Vortrag Dornach, 29.10.1921, GA 208, S.87.

Wenn der Naturforscher von Materie spricht: Vortrag München, 6.Mai 1918, GA 271, S.158f.

27 *Diese Kräfte, diese ersterbenden:* Vortrag Dornach, 25.11.1917, GA 178, S.219.

28 *Von der Seite, wo man:* Ebd., S.228.

29 *An solchen Stellen ist der Wille:* Ebd., S.218f.

30 *Der Mensch muss die Stärke:* GA 26, S.257f.

35 *Sie werden bemerkt haben:* Vortrag St. Gallen, 16.11.1916, GA 178, S.47–72. Die letzten Absätze des Vortrags beziehen sich auf Tagesereignisse und sind hier weggelassen.

67 *Es gibt also:* Vortrag Zürich, 6.11.1917, ebd., S.91–93.

70 *Ich muss in diesen Zeiten:* Vortrag Zürich, 13.11.1917, ebd., S.104–110.

78 *Nun entsteht die Frage:* Vortrag Dornach, 18.11.1917, ebd., S.170–193. Der erste Absatz, der sich auf vorangehende Vorträge zur Psychoanalyse sowie der letzte Absatz, der sich auf den Tod von Sophie Stinde, bezieht, sind hier weggelassen.

107 *Zunächst bitte ich Sie:* Vortrag Dornach, 19.11.1917, ebd., S.194–214.

133 *Noch einmal will ich darauf hinweisen:* Vortrag Dornach, 25.11.1917, ebd., S.218–234. Die ersten und letzten Absätze, die sich wiederum auf zeitaktuelle Ereignisse beziehen, wurden weggelassen.

156 *Dieser Nervenapparat:* Vortrag Stuttgart, 28.8. 1919, GA 293, S.113.

157 *Wenn man auch jetzt etwas davon:* Diskussionsvotum Dornach, 8.8.1921, GA 320, S.22f.

161 *Wenn diese Brüderschaften dann:* Vortrag Dornach, 18.11.1917, GA 178, S.178.

162 *In hohem Maße werden:* Vortrag Dornach, 25.11.1917, ebd., S.231f.

166 *So dass eigentlich unser Tagesbewusstsein:* Vortrag Dornach, 2.3.1924, GA 235, S.107f.

169 *Das Kosmische für die Menschheit:* Vortrag Dornach, 25.11.1917, GA 178, S.230.

170 *Das alles kann natürlich nicht:* Vortrag Dornach, 19.11.1917, ebd., S.205.